白银案实录

张振华◎著

群众出版社

白银市标志性建筑——“献给铜城的开拓者”雕像

白银市公安局白银分局交通治安派出所老所长郝玉新参与了高承勇系列杀人案中发生在白银区的10起案子的侦破工作。他说，到宣判高承勇死刑，他等了整整30年

1999 年，公安部首批八大刑侦专家合影（从左到右，第一排：乌国庆、徐利民；第二排：高光斗、吕登中、张欣、崔道植、季宗棠；第三排：陈世贤）

白银市白银区看守所所长成文忠介绍高承勇羁押情况

连接榆中县青城镇与白银区水川镇的黄河大桥——这里是高承勇抛弃作案凶器和割下来的女性器官的地方，谁也不知道桥下的流水掩盖了他多少的秘密和罪恶

高承勇的老家——甘肃省兰州市榆中县青城镇，古朴高大的城墙

2017 年 7 月 18 日上午 9 时，甘肃省白银市白银区人民法院，白银案初审开庭，高承勇被法警带入法庭（图片来自央视网）

历经近两年羁押后的高承勇

比被捕前胖了很多

谁也不知道，此时此刻

高承勇在想什么

序

深入到最前线最一线去

孙丽

“好的记者永远站在人性的角度上去观察这个世界。”

自 1993 年创刊至今，《方圆》一直坚守这个价值理念，并将此贯穿到每一期杂志、每一篇报道中。对于白银案的报道，《方圆》同样也坚持这个方向。

2016 年 8 月 25 日，高承勇落网后，几十家媒体奔赴白银，去往青城高承勇老家，挖地三尺，展开地毯式采访，从抓获高承勇的警察，到他的辩护律师、办案法官、检察官，他的妻子、儿子、同族兄弟姐妹、亲戚朋友、邻居、同学、工友、牌友……凡是能找得到的人都采访了个遍。由于白银案长达 28 年悬而未破，加之凶手作案手段极其残忍，各种传闻一度满天飞。将这桩影响深远的刑事案件之真相公之于众，是现代信息社会与现代法治社会的要求，也是文明与法治的发展趋势。但是，如何能把热点案件写出“方圆”特色是我们一直思考的问题。

我们一直强调：紧抓人心，文字才有力量。在报道的深度上下功夫，从静态的社会现象中去发现新闻，以法治的眼光发掘社会热点背后的深层规律，是《方圆》一直以来的努力方向。

案件破获后，白银案 11 位被害者的人生故事屡屡被曝光，但苦苦侦办这个案子的政法工作者好像凭空消失了一样。这些年来，为了破案，他们到底做了些什么？又经历了些什么？警方到底是怎样抓到高承勇的？他为什么成为杀人恶魔？被害者家属们这些年是怎么走过来的？案件将如何审判？知道这些内情的人却不是很多，我们将此作为报道的核心和主题。

白银案绝不只是一起连环凶杀案这样简单，我社要求记者要本着对公众负责、对事实负责的态度，怀着高度的社会责任心，作出客观、真实、全面、公正的报道。虽然采写这个案子非常艰难，但是也要发挥百折不挠的精神，突破采访难关，深入到最前线最一线去。

为了还原这个世纪悬案，我社记者张振华从 2016 年 8 月至 2018 年 4 月，历时近两年，先后 5 次到白银，数十次反复走访白银 10 起命案现场（其中一起在内蒙古包头市），6 次到达高承勇的老家，数十次采访办案人员、刑侦专家、知情群众与被害者家属以及高承勇族人，并于 2018 年 3 月 31 日和 4 月 2 日，在白银区看守所两次见到高承勇，独家面对面对他进行了采访。

本案的采访周折不必多说，仅从单人单案交通住宿费报销四万余元这个细节，就可以大致了解《方圆》杂志对于报道的操作力度和投入情况。

出发之前，我叮嘱张振华，让他做到以下四点：

一、现场感。还原细节，11 起案情的。

二、纪实感。以高度冷静与客观的笔法，更深入、更细致地把这个案子放到整个社会与时代背景中，放到整个中国法治与刑侦工作历史进程中来考量。

三、专业感。梳理清晰案件中的司法进程，侦查、抓捕、公诉、审判等环节的司法细节考量，展现案件在宏大叙述背后突显出来的中国司法不断完善与法治日益进步的现状。

四、纵深感。努力挖掘案件背后那些未知的潜伏在深处的东西。譬如曾经侦办此案的民警的心理现状；高承勇本人在监所的表现与心理状态；此案对白银百姓生活和心理的影响和变化。这一切都是应该引起我们深入思考的。

值得欣喜的是，张振华以他的努力和坚持，基本达到了上述要求，从而有了现在大家所看到的这本书。

从张振华写下的这些文字里，我看到了令我感动的一群人。从 1988 年的第一起到 2002 年的最后一起案件，各级公安机关始终没有放弃侦破此案，在这 28 年里，共有 250 多名警察、100 多位刑侦专家、8 任公安局局长参与其中。白银市检察院的检察官在看案卷时发现有些侦查员的名字上画上了黑框，这些是已经去世的老刑警，几代刑警为此付出了锲而不舍的艰辛和努力。在等待真凶高承勇落网的日子里，该案的第一任经办负责人刘海平因心脏病突发去世，第二任负责人张国孝因患癌症去世，第三、四任负责人已经调离，他们穷尽所能带着刑警们奋战多年，只为抓住真凶的这一天。白银市公安局有几名老刑警一直都在跟踪这个案件，但历时 28 年都没能破案，有些老刑警临终前仍对此案念念不忘，成为其终生遗憾。

2016 年 8 月 26 日，抓获白银案真凶高承勇之后，白银市公安局刑侦支队支队长刘同林与战友们第一时间赶去给已故的老同事扫墓，把整个案情写成了祭文，给老同事烧了过去。这些人和这些事深深地打动了我。

除了采写之外，在本案的传播过程中，《方圆》杂志也充分实践“新媒体 - 报纸 - 杂志”全媒体传播的思路，先期微信公众号推出了《神了！听描述，他就画出了白银案呼格案真凶》《检察官谈白银案：嫌犯的淡定令人吃惊　他从未悔过》《现场直击——白银案庭审：被告人高承勇最后的陈述》等新媒体作品五篇，后来报纸杂志作品落地。2017 年 11 月 5 日，我们出版了《白银往事》封面报道。2018 年 3 月底案件宣判时，张振华和摄影记者张哲再次前往白银，独家报道拍摄了与高承勇的对话，这些报道与珍贵图像资料都将收录在本书中。为了真实再现案情，文中部分血腥场景无法完全剔除，或许会令读者不适，但这血腥伤痛也在提醒和警示读者更加注意保护自己和家人的安全。

经最高人民法院核准，2019 年 1 月 3 日上午，罪犯高承勇被执行死刑。检察机关依法派员临场监督。

这本书，是我们对本案的一个总结，也是一个告别。愿受害者安息，愿她们的亲人可以放下悲伤开始新的生活。也希望这本书的出版，成为《方圆》一个新的起点，在法治的道路上，我们将踏上新的征程，为读者奉献出更多更好的作品。

（作者系检察日报社编委、方圆杂志社社长）

目录

引　子

白银案即甘蒙“8·05”系列强奸杀人残害女性案，它的发生，特别是2016年3月的重启和侦破，2017年7月的开庭，2018年3月末的宣判，让白银这座偏远的西北小城家喻户晓。

白银公司俱乐部，高承勇曾流连在这里的舞厅

白银市是甘肃省下辖的一个地级市，其位于甘肃省中部，地处黄土高原和腾格里沙漠过渡地带。白银市是全国唯一一座以重金属命名的城市，这一度颇令白银人自豪。据白银市地方志记载：早在唐朝甚至更早些的时候，白银就已建起开采矿产的矿炉了。在明朝洪武年间已达到了一定的规模。史书中有“松山之南，矿炉二十座”的说法。当时，官方在距白银市区10公里处的凤凰山、火焰山、铜厂沟专设办矿机构“白银厂”，白银也由此而得名。1949年新中国成立后，政府派出专业的开采队伍对白银矿田进行大规模的勘探开发，自1951年至1952年勘探队先后在折腰山、火焰山、铜厂沟3个矿区探测发现深部原生带黄铜矿。据统计，单单在白银市境内就发现矿产45种，金属矿藏有铜、铅、锌、金、银等30多种，煤炭储量16亿吨，巨大的矿藏改变了白银的历史。

1954年，白银最有影响力的集团——白银有色（集团）有限责任公司（以下简称白银公司）正式建厂了。1956年7月，白银公司进行三次大规模的矿山大爆破。

据说，当年爆破时震动的强度吓到了美国人：他们还以为中国又爆破了原子弹！

开天辟地的三声巨响，拉开了白银新时代。在政府的号召下，从东北、上海、山东、河北、四川等地重金属工业单位调配来的工人，从全国各大中专院校分配来的146名毕业生，还有一部分刚从抗美援朝战场归来的全国各地的复员军人，连同从甘肃其他地区农村招来建设厂房的合同工，打起“支援西部矿业建设”的旗帜，来到白银。

一夜之间，寂寞荒芜的戈壁滩上，灯火通明，人声鼎沸。第一代白银开拓者们，在荒山野岭之间扎起帐篷，他们喝着咸水，点着油灯，顶着风沙，冒着寒暑，打响了建设新白银的战斗。一栋栋崭新的厂房和宿舍楼拔地而起，一座充满生机与希望的新兴移民城市崛起在西部大地。

1959 年 10 月 1 日国庆节这天，白银公司露天铜矿正式投产。在老矿工们的记忆中，最繁忙时，临时火车站的铁轨上一天来往四五十趟火车。1960 年，白银建成铜硫生产系统，自此，白银公司成为集采、选、冶、加工、化工等为一体的特大型有色金属联合集团企业。白银公司曾先后被国家列入“一五”“七五”和“八五”重点建设项目，是新中国成立后最早建设的大型铜硫联合企业，白银因此也被称为“铜城”。

如今，深部铜矿的墙上仍刷着“团结求实，创新奋进”“铜矿发展靠我们，我们生存靠铜矿”“改革求生存，创新谋发展”的标语。

铜矿办公大楼上的标语读来让人格外感慨

白银公司曾创造了铜产量、产值、利税连续18年全国第一的辉煌业绩，白银因此被称为“中国有色工业的摇篮”，被视为“共和国有色工业长子”。

邓小平和朱镕基曾先后来这里视察和指导工作。

1966年3月21日，中国改革开放总设计师邓小平来白银视察时特意参观了白银大爆破开发的露天矿。他说：“你们在这里艰苦奋斗，艰苦奋斗就成为了一种白银精神。”

1992年8月25日，总理朱镕基视察白银后，感慨道：“三十六年游故地，白银一爆出新天。”

为纪念那些改变了白银历史和命运的开拓者，白银公司在金鱼公园树立了“铜城开拓者”的雕像，在原开采地修建了地质公园，新修了矿山博物馆，这些如今已成为新生代白银人了解白银历史的教育基地。

靠资源发展的繁华总是短暂的，由于过度开发，短短30年时间，白银市内的大多数矿厂气数已尽。同东北、山西的资源型城市一样，20世纪70年代末80年代初，白银公司主体矿山就已经进入开采后期，比全国其他矿产城市更早面临着资源枯竭与体制转轨之困。

1984年，白银市露天矿一号采场闭坑，两年后，二号采场也宣告封闭，转入深部开采。构成全市最主要经济支柱的白银公司自此进入长达20年的衰退期。

据白银市地方志编纂委员会主编的《白银市志（1991～2005）》记载：“1996年到2000年，全市经济增长跌入谷底，白银成为典型的资源枯竭型城市，传统产业衰退，失业人员剧增，环境污染严重，公共服务滞后，精神文化失落，社会矛盾凸显。”在这样的时代背景与产业激荡之下，白银市大批既有的技术人员和产业工人，面临着失业待安置的窘境。2008 年 3 月 17 日，白银市被列入全国首批资源枯竭城市。有不少人，为生计和发展，远走他乡。这座昔日人气火热的西部小城，渐渐地冷清下来。

当然，白银市并非只是一座冰冷的矿山城市，也有其独特的人文精神和特色。就拿小吃来说，白银市有好多特色小吃名声在外。靖远羊羔肉就是其中之一，其特色在于独特的滩羊品种，加上其独有的生长环境、加工方法、药膳滋补价值成为白银的一套特色美食；白银的酸烂肉，也具有独特的口味，其以大肉为原料，先是选择上好、新鲜的大肉，将其放在沸水锅里煮烂后捞出并切成细块，然后在另外一口锅中倒入一定量的陈醋，再将已经切成细块的大肉倒入，酥烂鲜香，绝对的美味；

深部铜矿荒废的矿井静默在岁月中

白银靖远的家常饭尽管平常，但盛名远扬，白银人将黄米淘净下入锅内煮至八九成熟，趁旺火边往锅内加面边搅边拌，掺好后盖上锅盖在慢火上焐熟，就酸白菜或炒菜食用，白银人百吃不厌。

除了以上几种特色小吃，水川的长面，知名度也不低。此面由来已久，据称，宋仁宗宝元年间，当时的秦州刺史狄青戍边来此，在黄河南岸原鲜卑西秦政权建都的废墟上建筑了一座城池，使黄河两岸居民休养生息；喜食面食的当地居民就以长面作为逢年过节改善生活和招待客人的最佳食品。细长均匀的水面横卧碗底，覆盖肥瘦均匀的肉臊子，散发泡涨的鸡蛋花，翠绿的葱花点缀其中，黑黑的家酿醋倒上大半碗，一口下去，酸鲜香美，白银人走到哪里，都怀念这一口。

著名民谣歌手“野孩子”乐队的张玮玮就是白银人。他有一首歌叫《白银饭店》传唱一时。

最光明的那个早上
我们为你沿江而来
可是你的愁云萧森
我们迷失在白银饭店
最温暖的那个晚上
我们为你朝南而去
可是你的暮色苍茫
我们搁浅在白银饭店
最爱你的那些人们
来到你的阳台下面
他们手中拿着石头

用它恨你也用它爱你
最恨你的那些人们
来到你的阳台下面
他们手中拿着鲜花
用它爱你也用它恨你
……

歌中唱到的白银饭店，就坐落在白银市的主干道人民路东侧白银区红星街 269 号，此处距离白银区人民路 6 号白银供电局不足 300 米。在白银供电局，高承勇残忍杀害了两名女性——18 岁的石琳和 8 岁的姚莉莉。

白银饭店

第一章　血　案

一、永丰街小区“小白鞋”遇害了

妹妹去世很多年之后，白龙仍会回想起兄妹二人相伴而行去上班的情景。

每天清晨 7 点 50 分，白龙和白玲都会准时来到位于白银西北部的火车站台上。一列绿皮火车早早等在那里，每天早上 8 点准时出发，风雨无阻地载着白龙、白玲和他们的工友们，拉着长笛，一路向西而行，沿着公司站、六公里、三冶炼、东长沟，直达山里的深部铜矿。

白龙对这列老火车和这条长 25 公里的通勤铁路，再熟悉不过了，从上班的第一天起，他就走在这条路上，算起来，已近 30 年了。哪怕眯着眼睛，白龙也能猜到窗外路过的是哪一处风景。

原本，白龙以为妹妹会和自己同行到退休，哪知道，后来妹妹遇害，这条路成了他最痛的记忆。

白玲长相漂亮，性格开朗，喜欢穿白球鞋，所以厂里的工友们给她起了个外号叫“小白鞋”。

“小白鞋”读书时，成绩一直比哥哥和弟弟好。哥哥和弟弟都是初中毕业就进厂工作了，而“小白鞋”则一直到读完高中才参加工作。

矿上的生活乏味单调，可供消遣的事少。闲来无事，女工友们大多会聚在一起打扑克、做手工，男工们则喝酒、抽烟、打麻将。“小白鞋”心灵手巧，绣门帘、勾沙发套，跳舞、弹吉他、唱歌，样样精通，用现在的话说，她算是那个时代的“文艺女青年”。

1986 年，“小白鞋”被厂里吸收为正式员工，分配到新成立的白银公司西北铅锌冶炼厂当电工，一个月工资 32 元。第

很多年前，“小白鞋”曾经和哥哥白龙坐着小火车从这道铁轨上去往铜矿内部

二年，“小白鞋”的弟弟也被招进厂来。那个年代，全家都在同一个矿上，甚至全家几代人都在同一个矿上上班的人家也大有人在。

1987 年，“小白鞋”交了一个男朋友，是跟她在同一个厂里上班的男青年。对这个男青年，白家人很认可，在她被害之前，家里人正盘算着给他们操办婚礼。

1988 年 5 月 26 日下午，23 岁的“小白鞋”休班，上午练完舞蹈后，回到家里。

当时，父母、哥嫂、弟弟和“小白鞋”一家人住在永丰街 177 号的平房大院里，这是一个温暖和睦的幸福人家。

一年前，哥哥白龙家生了个儿子，当了姑姑的“小白鞋”很是开心。她利用歇班的时间，给侄子织了小毛衣、小毛裤，还用心地编织了些形象逼真的小动物图案。

这天，回家后，“小白鞋”把一岁的侄子白宁抱进她后院房间逗着玩。

吃过午饭后，“小白鞋”的嫂子把儿子抱回了主屋午休，后院的房间里就只剩下“小白鞋”一人。

谁也想不到，这个时候，家里闯进一个“夺命鬼”，他便是 25 岁的青城人高承勇。

1988 年是高承勇生命中最穷困潦倒的一年。彼时，他的妻子刚怀了孩子，家里穷得连买盐的钱都没有了，亲戚邻居都借遍了，日子实在难以为继。高承勇想去毗邻青城的白银市里偷些钱财解决难题。

5 月 26 日，吃过早饭，高承勇蹬着自行车奔向人生的歧途。上午 11 点，他到达白银。高承勇先到白银大市场找了一家没顾客的摊位（他怕引起别人的注意）买了一把弹簧刀。

弹簧刀的刀刃有三寸长，刀柄是红色的，比刀刃长约一厘米。高承勇对刀具非常熟悉，他算是一个民间的刀具专家，他人生的第一份工作就是贩卖刀具，他曾经和邻居高正杰一起卖过刀具，谙熟每种刀具的具体功能和用法。

高承勇骑上自行车在白银城区转悠，寻找作案目标。下午3时许，他推着自行车来到永丰街小区。那时候，整个永丰街大都是平房，少有楼房，平房里主要住着白银公司各个单位的职工，环境和谐，人们对外来人警戒性不高，高承勇认为在这个地方偷窃比较容易得手。

高承勇没有直接进屋实施犯罪，而是先去了距离平房区20多米的一个公厕，在厕所小便的同时，高承勇再次做了一番心理斗争，坚定了动手的决心。

自此，行凶之前，在外面或者进厕所里反复酝酿和坚定作案决心，贯穿了高承勇此后犯下的所有凶案。后来，白银市公安局专门安排一批便衣民警在市内各公厕旁边日夜蹲守，试图揪出这名穿着“隐身衣”的恶魔。

那些年，每个刚分配到白银市公安局的新民警，都曾经被派遣参与蹲守厕所的任务。

出了公厕，高承勇推着自行车来到“小白鞋”家门前，在门前的砖地上停好自行车，一扬手，掀开门帘，闯进屋子。

当时，“小白鞋”正在床上睡觉，床边的桌子上放着一台录音机，还响着音乐，录音机旁边放着一把木吉他。

审讯时，高承勇交代，当时，他想趁着“小白鞋”睡着了，进屋子里面偷点儿东西，再悄悄溜出来。他蹑手蹑脚地走到衣柜前，打开一扇柜子门。他看到一件挂在衣钩上的外套，心想，或许衣服兜里能有些财物，便将手探进衣兜，翻找钱财。

一不小心，高承勇的胳膊碰到了衣柜。听到动静的“小白鞋”一骨碌从床上坐了起来，看到不请自入的陌生男子，她发出一声尖叫，大声质问高承勇：“你是谁？你干啥！你干啥！”

害怕惊动更多人，高承勇冲上前，跪在床上，伸出左手狠狠地捂住“小白鞋”的嘴巴，顺势用右手摁住她的身体把她压倒在床上。“小白鞋”则使劲推高承勇捂住她嘴巴的左手，扯住他的衣服，试图大声呼喊并抓住他。

高承勇抽出右手，将揣在裤兜里的弹簧刀掏出来，用劲朝“小白鞋”的小腹部捅去，刀刀见血。

尽管身负重伤，但“小白鞋”仍奋力夺刀，并大声喊叫。可是，屋子里的音乐声压住了她的呼救声。

高承勇毕竟力气大，夺回刀具，对着“小白鞋”的脖子横着拉了一刀，这一刀割开了她的气管，随着一股热血喷涌而出，“小白鞋”顷刻倒下，一动不动。

自此，每次作案，高承勇都会割开受害者的气管，高承勇想，只要割开了气管，被害者就不能大声呼救了。

杀死“小白鞋”之后，屋子里便只剩音乐声了。高承勇走到门口，把门反锁好后再度回到屋里，看到躺在血泊里的“小白鞋”，高承勇俯身剥去“小白鞋”的上衣和裤子，猥亵了她的身体。

准备离开时，高承勇发现“小白鞋”的手腕上戴着一块女式手表，便利索地摘了下来，准备带走。这时，高承勇看到自己手上沾满了血，就想找个脸盆洗一下手，没找到脸盆，在地上发现一个盛着些许清水的痰盂，在里间又发现一个暖瓶，他将暖瓶里的水倒进痰盂，将手洗净。高承勇拿起手表，戴在手上试了试，发现表链太细了，他的手腕很粗，根本不合适，就顺手将表扔进痰盂里。而后，高承勇把弹簧刀上的血迹洗去，把刀装到裤兜里。这时，他发现自己的上衣和裤腿上沾满血迹。当时，高承勇穿着的是一条深蓝色的牛仔裤，牛仔裤裤腿上的血迹比较明显，他想，这很容易引起别人的注意甚至会被警察盘查，应该找条裤子套到自己的牛仔裤上，掩盖起来。

于是，高承勇尝试着从衣柜里翻找自己能穿的裤子。他翻出一条蓝色的牛仔裤，拿到外间准备套上，可是裤子太小，他根本穿不上，便随手扔到地上。

最终，高承勇想了个办法，他把牛仔裤的裤腿挽了起来，把血迹遮住，离开屋子，骑上自行车就走了。

走出屋外，高承勇没有看见任何人。他拼命蹬着自行车，一直向西骑到工农路，再往南骑行，骑到毛巾厂，然后骑到黄河吊桥，在黄河吊桥中间，高承勇停下车，把作案凶器扔进滔滔河水中。

高承勇在黄河南面岸边的空地上，一直待到天黑才起身骑车往家走。一身血腥的他，骑车飞驰在他从小就熟悉的那些泥土飞扬的道路上，回到青城。

到家之后，高承勇把外衣（因为上面有血迹）藏在大门口的包谷秆堆里，来到上房他父亲住的屋子里睡下。第二天中午，趁着父亲和妻子外出的空当，他悄悄地把沾染血迹的衣服洗干净了。

在“小白鞋”遇害后，下班回家的白龙亲睹了妹妹遇害的惨状。白龙惊恐万分地冲出屋子，边跑边用嘶哑的声音喊着：“杀人了，杀人了，有人把我妹妹杀了！”

“小白鞋”的嫂子周兰听见喊声，来不及放下怀里一岁的小孩儿，抱着他跑去后院。看到屋里血腥残忍的情景，她一下瘫坐在地上。

“小白鞋”的父亲老白是最后一个得知女儿死讯的。事发时，他正在棉纺厂新盖的楼房里，白家刚刚新分配到了一套房，他带着亲戚到新房子看看，顺便收拾收拾。

傍晚 7 时许，晚饭刚做好，白银市公安局白银分局的几个民警来了，让老白跟他们去附近的派出所里一趟。

在派出所内，呆坐半天，也没人告知老白他家里究竟出了什么事，他一直呆坐到晚上 9 点。有一位民警带进来一条警犬，在他身上闻了半天，没什么反应。民警反复询问老白他当天的日程活动，折腾到半夜 3 点，就放他回家了。

当时，老白很纳闷，怀疑是不是家里出了什么事，最大的可能应该是儿子白龙又和人打架了。因为天已经很晚了，他没有回平房，怕家里人都睡了，他独自去了趟医院，挨个病房看，没有发现自家人，他就放心了。不知道为什么，那天晚上，老白心里慌慌的，一夜未眠。

第二天清晨，老白迫不及待地回家想问个究竟。刚下楼，正碰上当地的派出所所长，这个所长告诉他：“你女儿被人杀了，你都不知道？”

老白赶到家时，老伴已经晕厥在床上。大儿子白龙、小儿子白伟都在哭，“小白鞋”的尸身已被带走送至法医处。

老白狠狠地扇了大儿子白龙两个耳光：“你不好好地待在家里跑出去做什么？”

事发当天，白龙本来也轮班休息，但他临时与同事换班了，老白很气愤，如果白龙也休息在家，或许女儿就不会遇害了。

专案组民警郝玉新至今仍记得他进门后看到的血腥一幕。“小白鞋”倒在床上，床铺上、地上全是血，她的脖子、腹部、手上伤口很多。法医鉴定她是被他人用锐器刺入胸腹部造成大失血引起休克而死，死前与凶手有过一番激烈搏斗。“小白鞋”的裤子、内衣都被凶手扒下来了，上衣也被推到胸部以上。

法医检测，“小白鞋”并没有遭遇强奸，但是，凶手对死者有过猥亵、抚摸的行为。在她的大腿内侧，留有凶手的血手印。现场检查发现，“小白鞋”的屋子里有物品丢失，室内衣柜里的衣服翻得也比较乱。

跟郝玉新一同出现场的一个小刑警，进到屋子里，只看了一眼就转身跑出去，哇哇吐了。

作为一个久经考验的老刑警，郝玉新偶尔想起这个场景来，心里还是会升起一阵血腥之气。

民警现场侦查发现，痰盂里面泡着一块机械手表，这是“小白鞋”的。1986 年，她参加工作时，妈妈送她这块手表作为礼物。

公安返还“小白鞋”尸身的第三天，在家人的主持下，按照少数民族的风俗落葬了。

“小白鞋”的死，彻底摧毁了这个和睦幸福的家庭。在悲痛、互相埋怨中，老白家分崩离析。“小白鞋”父母失和，最终离婚。她的男朋友得知女友被害的消息，伤心欲绝，自请调离岗位，搬到 500 公里外的另一个县城。从小与“小白鞋”一起上学、感情甚笃的弟弟白伟，则因为姐姐的死患上了抑郁症。在姐姐去世两年之后，白伟因吞食安眠药过量而不幸去世。

悲痛万分的哥哥白龙将弟弟和妹妹埋在了一起。

2014 年，“小白鞋”的母亲在等待警方抓获凶手的忧虑中，含恨离世。

2017 年 7 月 18 日，白银案开庭现场，白龙对媒体记者说，母亲到死都忘不了女儿，一直念叨想知道杀害女儿的凶手是谁，为什么会下此狠手。后来，母亲去世之后，白龙也将母亲埋在了弟弟妹妹的身边。白龙说一家人要在一起。

庭审时，“小白鞋”的侄子白宁也对媒体记者倾吐了此案对他带来的那份难以回避的沉痛影响。在他的记忆里，姑姑死后的 28 年，白家就再没有过过春节。每逢过年，白家人最怕听到别人家的欢声笑语和鞭炮声，这一切总会勾起家人内心的哀痛。

老白则始终守着女儿出事的屋子，直到 2000 年拆迁搬离。28 年过去，他依然活在自责当中。如今，“小白鞋”出事的平房位置已经盖起了新的家属楼，在老白的新家里，他仍为女儿留下一个房间。门口挂着她当年绣的门帘，床头放着她曾经用过的镜子。客厅沙发上的盖巾，仍是女儿当年的手工。桌上用红色纱巾盖着的那一盆假花，正是当年女儿参加厂里的舞蹈表演获得的奖品。

2016 年 8 月 26 日，高承勇被抓的新闻播出时，80 岁的老白一动不动地盯着电视，当他在电视上看清杀害女儿之真凶的长相时，泪如泉涌，不能自已。

张玮玮曾经在一篇《关于白银》的文章里谈起白银发生的系列连环杀人案，特别提到了“小白鞋”的死。

“小白鞋”是张玮玮的邻居，和他家就隔着两排平房。那片地方最早叫万寿街，后来改叫永丰街。“小白鞋”死的时候，张玮玮才 12 岁，当时听家人和邻居们说发生了凶杀案，死的人叫“小白鞋”。

张玮玮没有和“小白鞋”直接接触过，对她没有印象。案发后，警察和法医不准邻居们靠近现场，因此谁也不知道现场到底是怎样的。当时，父母担心张玮玮害怕，在家里也从不提起这个话题。张玮玮模糊听到邻居们的传言，有说是被斧子砍死的，还说是因为情杀。“小白鞋”死后，孩子们就再也不敢从她家门口经过，原本她家是张玮玮和姐姐上学的必经之路。在白银不少人看来，“小白鞋”已成为《聊斋志异》里的那些冤魂，她家所在的那条巷道，即使是白天也让孩子们感到害怕。年少调皮的张玮玮曾在家里使坏，在窗帘下面摆一双白色的鞋，然后吓唬自己的姐姐说：“你看，‘小白鞋’来了！”吓得姐姐发出一阵尖叫。

在张玮玮的记忆里，永丰街是白银公司的一个家属区，里面住的都是在同一个单位里上班的职工和家属，当时，没有人对安全有什么顾虑，那时的白银生活安静和谐，人们不分南北，聚集在一个小区里。大家都是一个公司的同事，彼此都熟悉亲近得很，每到周末，总有谁家的录音机用很大的音量播放着港台歌曲。邻居们家家敞开着大门，做家具、洗自行车、下象棋、准备饭菜，大家可以随意地串门聊天、打牌聚餐，日子安稳而惬意。

据专案组民警郝玉新回忆，当年，为侦破“小白鞋”遇害案，白银市公安局出动了所有警力，那时候，整个白银市公安局全部警力不到 200 人，白银分局的警力更是少得可怜。当时局里警用物资的配备也跟不上，整个白银分局只有一辆北京吉普车，刑警队就连三轮摩托车也没有几辆，民警出警大部分时间是骑自行车，自行车坏了，还得自己掏钱修。

一开始，警方将“小白鞋”被杀案作为个案来侦破，动用了大量警力调查她被杀的原因，仇杀？情杀？还是图财害命？警方研判，这个案子有多种可能，既有图财的，又有性犯罪杀人的可能。最为困难的是，高承勇作案时没有任何目击者，小区群众提供的线索参差不齐，那个年代小区周围也没有监控设备，并没有很有利的证据。

警方认定凶手动手之前应该事先踩过点，有杀人预谋，是熟人的可能性很大。当务之急，先排查凶手。当时，白银市内有劣迹前科的可疑人员很多，民警费尽周折，调查了近百人，

“小白鞋”当年居住的平房区如今建起了一栋六层居民楼

却没有能锁定嫌疑人。那时候，没有人想到这是一件外来人犯下的突发案件，更想不到，这个案子一查6年未能侦破，后面白银又先后有9起血案发生。

一个女人死了，又一个女人死了，罪恶像风暴一样，将人们带入恐惧与绝望中，这样的日子，一过就是28年。

二、蛰伏6年，供电局宿舍再酿血案

1994年7月末，蛰伏6年的高承勇产生了再出去干一票的冲动。当时，高承勇的初衷仍是找一个没人或人少的地方弄些钱财。

7月27日上午，高承勇坐上青城去兰州的末班车，上午11点左右，他来到白银汽车站。下车后，高承勇还是先去白银大市场中段摊位上买了一把弹簧刀。这次高承勇下定决心，如果再被人发现或有人与其发生搏斗，就坚决杀人灭口，不管怎样必须先保全自己。

买好刀之后，高承勇就从大市场南面出来，拐到城建局十字，在城建局十字左侧有几排银光厂的平房，他溜达了一会儿，一时间没有找到合适的作案目标，就一直溜达到了白银供电局家属院门口。

白银供电局坐落在白银市的正中心，正对面是白银汽车站，离供电局不到300米就是白银饭店。白银市供电局的供电线路遍及白银市三县两区，北到内蒙古，辐射28000平方公里，在这个范围内有无数台轰鸣的机器靠其供应能量。

供电局的职工宿舍是一栋红色的砖结构楼房。如今，24年过去了，这栋四层的红砖宿舍楼仍然坚实地耸立在街边，刷着淡淡的潮湿的红色。职工宿舍前有一个小院子，院子里简单地放置了一些休闲座椅。紫藤花开得繁茂，引来几只蜂蝶，嗡嗡嗡地飞舞在空中。老人们在树下打牌、聊天、纳凉，几名儿童在院子里追逐打闹。

20 世纪 90 年代，白银供电局单身公寓主要用来安置刚来单位还没有成家的新员工，男女宿舍按层数交错，每个房间住两人。

那个时候，能进供电局的人都是家里比较有门路的。局里职工不多，就是个熟人圈子，能进来的人都沾亲带故，谁家有什么事，大家很快就会知道了。整个供电局单身宿舍，就像是一个大家庭，每到饭点，供电局的员工就会端着饭碗来来去去串门儿，因为太熟了，大家都不爱关门，觉得没有必要，楼下又有保卫科的经警守着，外人进不来。

住在供电局单身公寓的石琳，是供电局食堂的临时工。她的四哥是供电局保卫科的经济民警。1975 年，石琳出生于甘肃省民勤县一个普通的农民家庭，民勤县隶属武威专区（现武威市）。20 世纪 90 年代初，中国掀起了声势浩大的“进城打工潮”。对于甘肃农村的很多年轻人来说，城里就是另外一个世界，充满着无限的可能和美好的未来。

石琳的哥哥是家里较早进城的人，兄妹俩感情很好。石琳成年后，哥哥便将她也从家里带了出来，安排在供电局食堂。别看只是供电局的临时工，那年头，能到城里，能在国家正规单位当临时工，也是很令人羡慕的。当时，石琳的工资是一天 5 元钱，一个月能赚到 150 元左右。那时候，这笔工资已经足够维持相对安逸的生活了。

据供电局的老人们回忆，初来乍到，石琳与人交往不多。

这个农村女孩儿胖乎乎的，特别文静，性格也特别好。

石琳的宿舍在供电局大门左手边的单身宿舍楼内，离食堂很近，步行也不过5分钟。石琳只需要每天开饭前后在食堂帮着师傅们忙碌一阵，其他时间就可以回宿舍休息了，日子过得平静安稳。

7月27日中午，高承勇到达供电局宿舍，先从宿舍二楼开始溜达，最后到了四楼北侧石琳的房间。高承勇见房间门开着，但里面没动静，判断屋子里可能没人，便钻进屋子。

高承勇记得屋子门口靠墙放着一个脸盆架，脸盆里装有半盆水。门对面靠窗户的两侧放着两张单人床，两张床之间还有一张长桌子。左边床上睡着一个女的，右边床上空无一人。

高承勇先走到没人的床边，翻开褥子看看床席底下有没有钱财，结果什么也没有。然后，高承勇开始在桌上找东西，一无所获后，他拉开抽屉，准备翻抽屉里的东西。翻抽屉时，他弄出的动静太大，惊醒了在床上睡觉的石琳。

石琳立即从床上翻起身来，站在床边，两手拽着高承勇的左胳膊，大喊："抓贼、抓贼！"

看到石琳的举动，高承勇的心一下就跳到了喉咙里，他狠狠地用右手掐着石琳的脖子把她推倒在床上，然后，他用左手捂住石琳的嘴，抽出右手从裤兜里掏出刀，在石琳脖子右侧连捅了两刀，又在其胸腹部连捅数刀，直到她一动不动。

杀人之后，高承勇将石琳宿舍门反锁好，逃离现场。下到二楼的时候，他先在厕所旁边的水池里洗了下沾满鲜血的手，然后从供电局家属院侧门溜了出来。

走到通达饭店门口，高承勇坐上了去水川的班车，待班车开到距水川街道100米处时，高承勇下车步行至青城吊桥，然后将作案用的弹簧刀扔到黄河里。

下午2点50分，石琳的舍友小叶子回宿舍时，发现宿舍门锁着。她觉得有点儿奇怪，便用随身带着的钥匙打开门，一进屋就看到石琳蹲在床头前，低垂着头，手里拿着一条毛巾，浑身是血，已无任何气息。小叶子赶紧出门报警，路上遇到同事温雅，就让温雅去了，她留下来看护现场。

白银市公安局刑事科学技术鉴定书显示：死者石琳，鼻梁处有青紫，伴有鼻骨骨折，右颧部、左眉上青紫，分析为钝性外力（如拳头等）作用所致；颈部左右两侧的表皮剥落，伴有明显的皮下出血，为扼颈时所形成；颈部、胸、腹及四肢的创口系锐器伤，并导致血管破裂、胸腹部积血、肝脏损伤、肠管破裂。根据创口特征，推定凶器为锐薄的单刃刺器，刃部10厘米左右或更长；死者双手掌侧损伤系抵抗伤。死者头面部损伤、颈部扼伤均不足以致命；死亡时间为当日午后1时至2时左右；死者死前不存在被奸淫行为；死者系被他人刺伤颈部、胸腹部及四肢，引起严重失血而休克死亡，时年18周岁。同“小白鞋”被害一样，石琳也是在激烈的反抗中被高承勇杀死的。

民警郝玉新认为，这起案子带给同事们的心理压力最大。最初，局里将侦破此案的临时指挥部设立在供电局，为了早日破案，侦查员们吃住都在大院里，但案子侦查了很久，却没有任何进展。当时，警方一度把嫌疑人划定在供电局内部人员。

至今，郝玉新还保留着几本嫌疑人的资料，里面记录了每个嫌疑人的爱好、外号、人际关系、日常行踪、家庭状况等，但是这些嫌疑人最终都被一一排除了，要么没有作案时间，要么和被害者没有任何矛盾冲突，不具备杀人的动机。

案子久久未破，供电局职工对民警产生了对抗情绪，甚至有人打趣办案人员："到饭点了，又来吃饭啦？"尽管大家想尽了办法，但是案子却毫无进展，民警们只好遗憾地离开。

据高承勇供述，在杀害石琳、潜回青城老家之后，他再次陷入恐惧与担忧里，他告诉自己，先藏起来，不要再搞了。现在事情弄得太大了，自己身上已经背负两条人命，一不小心，就会被警方抓住拉去枪毙。

在高承勇杀害石琳的这一年，白银市经历了新中国成立后最大的一次旱灾。据官方资料记载，1994 年 8 月至 1995 年 7 月，白银近 25 万人吃粮发生困难，其中无自救能力的多达

白银供电局的两栋宿舍楼比邻而立，4 年间，两条年轻的生命被高承勇扼杀在这里

13.2 万人。

在这期间，白银市的公安队伍也出现了巨大的震动和变化。1997 年 11 月 13 日，白银市公安局局长翟某因非法倒卖黄金被开除公职，判处有期徒刑 7 年。在这样的特殊背景之下，石琳遇害案同 6 年前的“小白鞋”案一样，久拖不破，无所进展，成为一桩悬案。

22 年后，此案开庭时，石琳的嫂子闫女士在接受媒体记者采访时表示，刚听到高承勇被抓获的消息时，她有点儿不敢确信。在闫女士看来，小姑子石琳的命很不好，刚从农村老家出来到白银上班半年就遇害了，要是活到现在，也有儿有女了。

案发后，闫女士和老公怕公公婆婆受不了打击，想尽办法将此事瞒了 4 年。

三、内蒙古包头市昆都仑区又发血案

1997 年的中国，发生了许多大事。2 月，有一位伟人去世了，7 月，香港顺利回归。

这一年，高承勇的人生也有了一些大的变化。他决定离开白银。在白银这几年没能赚到钱，也没有找到稳定的工作，他和朋友约定一起去往内蒙古包头打工。

到包头之后，经一熟人介绍，高承勇在一家冶炼厂找了个烧锅炉的活儿。这个活儿可不好干，要长时间待在锅炉旁，承受着高温的烤炙，时间久了，两边脸的颜色都会烤得不一样。高承勇对这个工作很满意，当锅炉工虽然苦，但是每年只要干够五六个月，就能赚五万到七万块钱，这笔钱足以保证西部地区一个农民家庭的开支与生活。

青城镇城河村村民张勇曾让高承勇带他一起去干锅炉工。高承勇对他说，这活儿你受不了，锅炉房里，白天黑夜都是50多度的高温，比较危险，有工友还被迸溅的热炭溅到身上，都残疾了。其时，高承勇的妻子张清凤并没有跟随在他身边，她仍然留在甘肃老家，四处揽活干。

独身一人，远离白银，远离过去的罪恶，远离白银的警察，高承勇内心的欲望再度蠢蠢欲动。此时，距离他犯下第一起案件过去了9年时间，距离1994年供电局第一起案件也过去了近3年时间，他觉得自己安全了，警察估计是抓不到自己了，想再出去发泄一下。

1997年3月27日早晨9点左右，吃过早饭后，高承勇步行至包头市昆都仑区东南角一公园里。在地摊上，高承勇买了一根两米长的白色尼龙绳，然后步行至包头百货大楼旁边的一家杂货商店内买了一把刀柄为蓝色、刃长三寸、刃宽一寸的弹簧刀。

这一次，高承勇对作案工具、作案方法都做了预谋与调整。鉴于前两次作案的经验，他认为必须先用绳索捆住受害者，这样才可以更好地控制被害者。

第二天，也就是3月28日早上8点，高承勇窜至包头市昆都仑区李梅家门口，他举手敲门时发现门并没有关，便径直推门而入。

李梅正在屋里对着镜子聚精会神地化妆，突然发现有陌生男人闯进房间，李梅很诧异，便站起身来，问高承勇是干什么的。

高承勇说他来要点儿钱（指抢钱），同时，掏出刀来，握在手上，对着李梅进行恐吓。

李梅虽然看到了高承勇手里的刀，但仍态度生硬地说："我没有钱。"

高承勇说："我先把你捆上，自己搜。"话音未落，高承勇就去抓李梅的手腕，他想控制住李梅，并捆绑住她。

李梅一边躲避、一边往后退说："你快走，要不我就喊人了，街坊邻居都能听见的。"

高承勇说："你如果喊，我就把你杀掉。"

李梅倔强地说："你杀了我，你也活不了。"

一番搏斗之后，高承勇终于抓住了李梅的手，把她按趴在床上。他拿出事先准备好的白色尼龙绳将李梅双手反绑上。怕李梅喊叫，高承勇随手拿起床上放的毛巾往她嘴里塞。

李梅咬紧牙关抗拒着，最终她把毛巾吐了出来，尖叫一声，大喊救命！

高承勇又急又怕，急忙用剩余的尼龙绳绕到李梅的脖子上，使劲勒她的脖子，过了一会儿，李梅就一动不动了。

高承勇判断，她死了。随后，高承勇将李梅下身的裤子脱光，将其上衣推至乳房上面，将其强奸。

发泄完兽欲后，高承勇将李梅手腕上戴的一块黑色电子表取下扔在现场。

离开现场前，高承勇从另外一间屋子的床上扯过一床被子回到杀死李梅的屋子，将李梅赤裸的身体盖住，然后起身将门拉上，逃离现场。

离开小区之后，高承勇将作案用的弹簧刀和绳子扔到包头医院北面的一个旱厕，刀很沉，一下就沉没了，尼龙绳在上面漂着，高承勇空手够不着，也就没管。

对于李梅的遇害情景，当年负责调查此桩命案的包头市公安局黄勇警官至今仍然无法忘却。黄警官告诉笔者，李梅的父母在中国第二冶金公司上班，遇害时只有她一人在宿舍。当时，李梅宿舍对面住着一位60多岁的大妈，但遗憾的是，当时她未察觉到隔壁有任何异常。警方调查了解到，出事的头一天晚上，李梅还和男朋友一起吃了烧烤，当晚12点，李梅和男友一起回到男友开的修理部，俩人同居了一夜。第二天清晨，李梅才回到家里，几个小时后就遇害了。

第一个发现李梅遇害的人是她父亲。3月28日下午5点40分，父亲下班回家后看到厨房里的灯亮着，打开大屋门后，发现靠南墙的床上被子平铺着，似乎盖着什么东西，他抓住被角一拽，就看见女儿的一双脚，一掀开被子，发现女儿李梅已经死了。

包头市公安局法医从李梅的阴部提取到了高承勇的精斑，获取了他的DNA，比对结果显示，和在白银发生的几起凶案现场留下的DNA系同一人所有，案件的作案手法也相似。此外，高承勇落网后，警方发现当年在李梅被害现场提取到的三枚送检的指纹与高承勇右手拇指、右手食指、左手中指的指纹完全吻合。

鉴于以上几点检验结果，这起命案在2004年被公安部串并列入“甘蒙‘8·05’系列强奸杀人残害女性案”。至此，白银案的侦破迈出最关键的一步。

据黄警官回忆，当年查案时，警方一度锁定了嫌疑人是白银人，便集中全市警力在整个包头市两百多万人口中搜查出几百名白银人，并进一步锁定了三四名嫌疑最大的人。但尚未等警方锁定高承勇，他就已经离开包头返回白银了。

时过境迁，当年高承勇在包头的作案现场已荡然无存，如今已是高楼林立、车水马龙，而被害者的家属都搬走了，不知去向。

四、疯狂的 1998 年，犯罪手段升级

1998 年的白银格外不平静。这一年，白银市刑事案件频发，人心惶惶；这一年，白银矿山资源枯竭，厂矿效益不景气，大量职工下岗，到政府闹事，引发了严重的社会问题。

1998 年年初，高承勇离开包头，返回白银，在胜利街大货场打零工。

这一年是高承勇最残忍、最疯狂的一年。他分别于 1 月 13 日、1 月 19 日、7 月 30 日、11 月 30 日作案 4 次，杀害 4 人。

此时，嗜血、残忍、疯狂的高承勇已经完全没有了人性，屡次奸淫被害人并毁坏、侮辱被害人尸体，切割被害者器官。正如他被捕后交代的那样，那个时期，他对于杀人强奸、侮辱损毁被害者尸体逐渐有些欲罢不能。

此时，白银出了个杀人狂的传闻逐渐传开，人们晚上不敢外出，学生提前下晚自习。女人和小孩儿外出需要家人接送。白银城内，谣言四起，人心惶惶。

1998 年 1 月 13 日这天，恶魔再度出手，又一条年轻无辜的生命陨落了。

作案之前，高承勇对行动做了初步规划，在上班时间段，选择一个单身回家的女性，尾随她去家里，实施抢劫、强奸、杀人。高承勇盘算，上班时间，家里有工作的人都上班了，凡是在家的女性，一般都单独一个人，方便作案。

但是，这天的行动并不顺利。高承勇先是从大市场南口出

来，来到体育场，然后又走到三角花园，在三角花园平房区转了一圈，都没有寻找到合适的作案目标。高承勇继续朝白银电视台方向走去，走到银光医院后面平房区溜达了一圈，这一次仍然无功而返。两次寻找目标受挫，高承勇并没有放弃，他又转回到二中门口附近，继续寻找作案目标。

这时，高承勇看见一个留着披肩长发、穿红色呢子外套的女子提着一个装着蔬菜的塑料袋，迎面走了过来。这个女子名叫杨芹芹。当时，杨芹芹刚买完菜打算回家，她毫无戒备地顺着二中门口南面的一个巷子朝着家里走去。

高承勇推测，中午时分出来买菜做饭的女人肯定一个人在家，他就跟了上去，紧紧地尾随着杨芹芹，跟踪了200多米，拐过几个胡同之后，杨芹芹在胜利街一间平房门前停下脚步。高承勇看到杨芹芹在开门，怕她发现自己，就刻意在路口躲了一下。看到杨芹芹进了家门之后，高承勇走到她家门口，看见她家大门朝北开，单扇门，大门没锁，虚掩着。

高承勇后退10米左右，站在门口考虑了三五分钟，便下定了作案的决心。而后，他果断地推门而入。大门里面是一间小方院子，门正对面有个房间门，高承勇没有听到有人说话的声音。他确定，这个家里就一个人。

高承勇进到屋子里的时候，杨芹芹在床边站着整理东西，没有发现推门而入的陌生人。高承勇轻手轻脚地返回到大门口，把门推着锁上，门上装着暗锁，一推就锁死了。再度进到房间里之后，高承勇右手持刀，对着杨芹芹。

杨芹芹发现屋子里突然多了个持刀男人之后，惊恐地问："你是谁，你是干啥的？"

高承勇威逼杨芹芹，让她把家里的钱拿出来。杨芹芹没有听从高承勇的命令，立马转身跑到后窗户边，把后窗户推开，大喊“陈姐、陈姐”。

为了制止杨芹芹的呼救，高承勇冲过去，用左手捂住她的嘴，杨芹芹还在喊，高承勇就掏出刀子朝她的后背捅了一刀，然后又在她的脖颈右侧划了一刀，之后杨芹芹就发不出声音了。高承勇将杨芹芹推到床上，把刚刚被杨芹芹打开的后窗户关上，窗帘也拉上，然后开始在屋子里翻东西。找了半天，高承勇没有找到一分钱，就奸污了杨芹芹的尸身。

离开之前，高承勇把小房间的门拉上，把院子大门也拉上。这次作案过程大概持续 20 分钟左右。多年之后，高承勇仍然记得当天进杨家的时候，还没有下雪，出来的时候天空中飘起了雪花。

据警方现场勘探笔录记载，在杨芹芹住的小屋东侧靠东南一面，有单人床一张，床西侧有三个塑料袋分别装有豆芽菜（约一斤）、软儿梨三个（已腐化）、馍馍两个。床西侧有和门相对的火炉一个，上放有铝壶、脸盆，脸盆内有淡血水 600 毫升。在西侧大屋门与第一道门之间的通道，有残缺的血足迹两枚。杨芹芹被杀于西侧房内床上，全身赤裸，尸体仰卧于双人床的东北角，床边粉红色窗帘为闭合状，死者头部悬空，头部下放的被子被血浸染，双耳缺失，头顶部有直径近 10 厘米头皮缺失。在现场和周围搜寻没有发现上述缺失物，让当时参与办案的民警也感到惊悚和恶心。

落网后，高承勇对审讯他的民警交代，他之所以割掉杨的器官是因为她不听话，不给钱，乱喊乱叫。

直到 1 月 16 日下午 5 点多，杨芹芹的老公从皋兰坐汽车回到家中，才发现妻子不幸遇害。实际上，案发的当天曾经有一个人进入现场，是一个男人，他和杨芹芹的关系暧昧，在发现杨芹芹被害后，由于害怕自己被牵连，便没有向警方报案。

杨芹芹被害后，她的亲人在不久后便离开白银，去往上海，再也没有回来过。

警方侦查笔录记载，案发现场位于胜利街 88 - 6 号。高承勇落网之后，笔者几次找寻，也没有找到这处现场。年代久远，当时的平房区已经拆迁了，小区已经完全变了模样。

在紧挨着当年杨芹芹命案现场不远处就是白银市第十中学，第二小学离这儿也不远，夕阳西下时，放学的孩子们成群结队地走在大街上。这些娃娃们有说有笑，打打闹闹地行走在傍晚的大街上，他们完全不知道很多年前在这条街道的那个小区里陨落的那条生命，也不知道很多年前在这座城市里曾经发生过的那起血腥的案件。

胜利街现景，此处距离第 4 起血案现场不过十几米

五、“你来找我老公吗?”

1 月 19 日，在胜利街杀死杨芹芹仅仅 6 天之后，在欲望中癫狂的高承勇再度伸出了罪恶血腥的手。

当天下午 3 点，在大市场准备好作案工具之后，高承勇窜至白银区汽车站王岘宾馆附近，伺机寻找作案目标。少顷，高承勇看见一个女子穿红色呢子衣服，拉着一个皮箱，从北往南走。高承勇离她有 30 多米远，悄无声息地在她后面跟着。这个女子就是被害者邓小慧。

高承勇一直尾随跟踪邓小慧至水川路 6 号平房区，直到目睹邓小慧走进家门。高承勇先是将耳朵贴在大门上听了听，屋

水川路 4 号距离 6 号命案现场很近，当年的凶案现场已然无处可寻

子里面有响动，但没有说话的声音，高承勇判断就她一个人在家。

临作案前，高承勇心里很紧张，感觉心跳得厉害，就在最西头的巷道里小便了一下，逗留了三分钟左右，平复下心情，而后走到门口用手敲了三四下门，大门开了。

邓小慧误以为这个不请而来的人是来找自己的老公，便问："你来找我老公吗？"

高承勇假装答应，点点头说："是。"

邓小慧便转身将高承勇迎到屋子里，然后把大门关上了。进门后，穿过院子，进入房间，邓小慧请高承勇坐下，高承勇坐在沙发上，邓小慧坐在桌子前，桌子上摆着扑克牌，她在玩扑克。

这时，邓小慧接到了其老公表弟的电话。后来，她还给自己的老公打了个传呼。在这期间，高承勇一直坐在那里，端着茶杯，等待作案的时机。

过了三分钟左右，座机电话响了，高承勇猜测这个电话应该是邓小慧老公打来的，她刚打了传呼。

此时，对于动手与否，高承勇心里斗争异常激烈，心想如果邓小慧接上电话，说有人找，对方让高承勇接电话，事情就暴露了。

在邓小慧站起身子的时候，高承勇也迅速站了起来，把刀拿在右手里，看到邓小慧伸手准备接电话，高承勇迅速把她推了一下，推到了远离电话的地方。

看到持刀的高承勇，邓小慧很是吃惊，愣愣地看着高承勇。

高承勇说："我是来要钱的，不是找你老公的。"

闻听此言，邓小慧尖叫了一声，准备往外跑。高承勇就追过去，左手把她的嘴捂住，右手用刀在她的脖子上使劲捅了一刀，邓小慧跌倒在地上，头朝墙边，脚朝桌子。此时，她仍用力地喊，使劲地挣扎。

高承勇持刀在邓小慧胸腹、腿上连捅数刀，血流如注，慢慢地，她一动不动了。高承勇把刀擦干净之后，就开始寻找财物。

法医尸检报告显示，死者邓小慧系颈部、胸部等处被刺伤，致大失血而死亡。另外，死者脸及下巴有四处被捅伤，左右手有六处抵抗伤。根据损伤特征推断，凶器刀刃宽 2.5 厘米左右，刀长 7 厘米以上。左乳头有撕裂伤，可能是撕咬形成的。

警方初步研判死者死亡时间为两小时内（即 1998 年 1 月 19 日 15 时 40 分至 17 时 40 分）。高承勇落网后，警方对比发现，当年在案发现场水泥地面发现并拍照提取的一枚带血脚印与高承勇所穿左脚鞋油墨捺印样本鞋印系同一人所留。

高承勇杀死邓小慧之后，将其手上戴的一枚金戒指取下拿走，随后将她的上衣推至乳房之上，裤子褪至膝盖处，猥亵了她的尸体。

意外发生得太突然了，当天下午 2 点左右，邓小慧的老公孙先生去上班的时候，她还送其出门。当天下午 4 点 10 分，孙先生的表弟给他打电话，是邓小慧接的，当时她告诉孙先生表弟，自己一个人在家玩扑克、看电视。电话中，没有听出什么异常，而且能听到电视机是开着的。

下午 5 点半，孙先生回家，走到家门口发现大门半开着，房门却锁着，怎么敲门也无人开，他透过窗户玻璃看，看到妻子邓小慧趴在沙发上，面朝窗户，脸上有血，他赶紧用钥匙打开门。原先他以为妻子是晕倒了，进门喊了一声，走近后看到满地的血，他赶紧往外跑，找人报了警。

孙先生检查发现，沙发垫子下有360元现金分文未少，但妻子左手上戴着的一枚5克的黄金戒指却不见了。

同以往一样，作案之后，高承勇步行至通达饭店，坐上开往水川的班车，仍然在距水川街道约100米的地方下车，步行经过青城吊桥时，他将其作案用的弹簧刀和割下的皮肤组织扔到黄河里。

此时，对抛弃凶器、逃避警方打击，高承勇已经有了足够多的经验，他先把刀扔进黄河里，再扔割下来的皮肤组织，然后扔塑料袋，这样，这几件东西不至于堆积到一起沉淀到河底。

十几天后，高承勇将邓小慧的那枚戒指在白银区大市场南口以30元的价格卖掉了。

后来，此案开庭时，笔者采访了邓小慧的外甥亚飞，他说："虽然过去这些年了，一想起我二姨，我姨夫就会痛哭不止，他一直认为是他害死了我二姨，他要是早点儿回家，不在小区传达室跟看门的大爷聊天，我二姨也许就没有事了。"

六、衣服柜里的小女孩儿

1994年7月，白银供电局石琳被害一案，一度给供电局带来极大恐慌。随着时间流逝，4年之后，供电局的人们渐渐恢复了平静的生活。

石琳遇害的公寓楼旁边还有一栋公寓楼，两栋楼南北相邻，同在一个院内，并排而建。两栋楼的位置并不是院子深处的僻静角落，而是迎门临街，直到现在门口仍然有门卫。

这栋公寓楼里住着姚莉莉一家三口，8岁的姚莉莉即将上小学二年级。

原白银供电局派出所指导员老白对记者说，在他的记忆里，姚莉莉是个长相甜美、性格乖巧的小女孩儿，人很热情，见谁都打招呼。

平日里，姚莉莉喜欢在楼下打羽毛球，她跳舞好、唱歌好，还会弹电子琴，也能写一手好看的毛笔字。

在 1998 年 1 月连续犯下两起案子之后，隐在青城的高承勇听说白银出了个杀人狂，知道人们说的是自己，便有点儿害怕，不敢再出来犯案。直到半年后，这方面的消息渐渐少了，周围的人也不说了，他感觉风声不紧了，就想着继续去杀人、抢劫、强奸。

1998 年 7 月 30 日下午 2 点，在杀害石琳 4 年之后，高承勇又来到了供电局当年犯案的地方，大摇大摆地进入同一个院子，来到四楼姚莉莉家。

“叔叔，您是来找我爸妈的吗？”

看到推门而入的高承勇，姚莉莉起初以为高承勇是爸妈的同事，很客气地与他打招呼。

单纯的孩子亲切地叫着叔叔，完全没有意识到进门的是一个恶魔。

“嗯，嗯，我是你爸妈的同事。”高承勇应答着，走进客厅在一把椅子上坐下来。

几分钟之后，高承勇站起身来，问姚莉莉：“你家里的钱放在哪儿啊？”

“我家里没有钱。”

“你不说实话，我揍你！”

看着面带凶相的高承勇，姚莉莉说：“你是坏人，我要喊警察叔叔来抓你。”

担心孩子真的喊人来，高承勇杀机顿起，看见床上有一根皮带，他就顺手扯过来，套到了姚莉莉的脖子上，他扯紧皮带勒死了姚莉莉。而后，高承勇脱去姚莉莉的衣服，奸淫了她的尸体。逃离之前，高承勇把姚莉莉的尸体藏到了床头旁边的衣柜里。

尸检显示，被害人姚莉莉颈部损伤系扼勒颈部所致，左侧面颊、右侧口角有血迹，死因为扼勒颈部窒息死。有奸淫行为发生在意识不明状态下。推断死亡时间为勘查现场前 4 小时左右。此外，警方在写字台的玻璃杯上提取两枚手印痕迹，分别与高承勇十指指纹捺印样本中右手食指、左手食指吻合，为一人所留。

2016 年 9 月，在看守所内，高承勇对辩护律师朱爱军提起杀害强奸年仅 8 岁的姚莉莉这起案子时，他说，自己作完案后，感觉渴得厉害，喝了一整杯的水，现在想来，不该杀这个孩子，太残忍了，很不是人。最开始，警方认为是姚莉莉给熟人泡的茶，后来高承勇交代，茶是他自己泡的。

姚莉莉的母亲曾帆记得很清楚，女儿被害那天是个星期四，下雨。上一年级的女儿正在放暑假，按照计划，再过两三天他们会把女儿送去兰州。女儿出事那天，丈夫去兰州出差，家里没人照顾孩子，曾帆上午曾将女儿带去单位，下午她没好意思再将女儿带去，出事以后，她为此很后悔。

曾帆家正对面当时住着一个孕妇，两家的门中间隔着一条约 1.5 米宽的过道，案发那天下午，孕妇在家，但她告诉曾帆，那天下午她什么都没有听到。

令曾帆后悔的还有一件事，她没有把女儿反锁在屋子里。临走前她还犹豫了一下，按照习惯，她很少把女儿独自放在家里，偶尔放在家里也都会把门反锁，但那天她大意了，觉得单位这栋楼是安全的。

曾帆说，那天临走前，女儿正在床上睡午觉，上身穿着小T恤，下身穿着小裙子。晚上6点下班后，她回到家里，推开门，察觉到一丝异常。首先，她看到桌上放着一个茶杯，茶杯里的水已经喝光了，剩下半杯茶叶。当时曾帆想，是不是家里来了熟人，所以女儿就给人家倒了一杯茶水。令她疑惑的是，家里的窗帘都拉上了。但是，她清楚地记得，走时她把窗帘都拉开了。看不见女儿的身影，曾帆便开始喊女儿的名字，但没有回应，接着她开始满屋找孩子，依旧没有踪影。当时家里的家具不多，一张床，一个电视柜，还有一个大衣柜。等曾帆拉开大衣柜的门时，顿觉五雷轰顶，她看到了今生最恐怖的一幕。女儿小小的身体赤裸着蜷在衣柜里，脸色青紫，脖子上勒着一根粗皮带。

曾帆赶紧将女儿从衣柜里抱出来，平放到床上，解开女儿脖子上的皮带，她希望女儿还有救，还能有一口气。可是，一切都晚了，可爱的女儿已经没有了呼吸，曾帆哀号半天，晕了过去。邻居们闻讯陆续赶来，将昏厥的曾帆架了出去，并帮她报了警。

"看到孩子在衣柜里，当时我想抱着孩子一块死了算了，我也不想活了。"多年以后，曾帆说，"那种心碎的感觉，只有失去过孩子的人才能体会到。"

1999年，曾帆夫妇又要了一个孩子，也是个女儿。曾帆对丈夫说，不要向女儿提起大女儿的事。所以至今，女儿也不知道她曾有个姐姐。尽管案子已过去了18个年头，但曾帆潜意识里仍然害怕有人提起这个事，只要一碰触这个事，她的情绪立马崩溃。对于一个失去孩子的母亲来说，用18年的时间疗伤，远远不够。

2016年8月26日，高承勇落入法网，曾帆夫妇终于知道杀害女儿的凶手是一个叫高承勇的青城男人。案子总算破了，多少消解了一点儿曾帆夫妇内心的疑惑和愤恨，但是，对要不要去旁听法庭对高承勇的审判，曾帆一时拿不定主意。

高承勇是曾帆这辈子最不想看见的人，但她又有很多问题想问他，想知道他为什么连一个8岁的孩子都不放过，他也是当父亲的人，为什么干这样畜牲不如的事？

采访中，在供电局当保安的小王对笔者说，当时，听别人说单身公寓楼出事时，他还在宿舍睡觉。待他赶忙跑到楼下时，警察已经在楼的四周拉起了警戒线。院里的职工、家属、局领导们都来了。很多年后，小王仍然记得现场的气氛挺压抑的。一个单位，同一个地方，连续出了两条人命，这次遇害的还是个小女孩儿，整个单位都炸开了。巨大的恐怖笼罩在人们的心头，此前自己去上学的小孩儿，家长都开始接送，平日里看孩子也看得特别紧，一两年后，人们的神经才渐渐放松下来。

白银市检察院检察官贾桐担任本案的第三公诉人。2017年7月18日开庭之前，贾桐送开庭通知书时，曾帆拒绝当面接收，也拒绝见检察官，拒绝接受民事律师的援助。最后，贾桐只得将开庭通知书快递给他们。在快递时，贾桐特意写了一封短信，表达了自己对姚莉莉父母的安抚和慰问。

在11起案件当中，姚莉莉这起案子最令身为公诉人的贾桐动容，死者姚莉莉和他是同龄人，如果不出事，现在也已经成家立业了。自小，贾桐就听说过白银连环杀人案，没有想到机缘巧合，当了检察官后，这个案子来到了自己手里。

作为公诉人的贾桐，内心感慨万分。在翻看案卷的过程中，贾桐的情绪数度崩溃，难以自已。最令贾桐心生恐惧的是，单位宿舍的布局和姚莉莉遇害现场的布局极度相似，而且有一个衣柜和发现姚莉莉尸体的衣柜一模一样。有很长一段时间，贾桐都害怕回到宿舍，害怕打开那个衣柜，他的眼前总是浮现出姚莉莉遇害现场凄惨的景象，令他彻夜难眠。

2016 年 9 月，高承勇的辩护律师朱爱军曾在看守所内与高承勇有过一次深谈。在提起供电局被杀的 8 岁小女孩儿姚莉莉时，高承勇脸上的表情和语气有了明显的起伏。

高承勇供述说，当时勒死姚莉莉之后，他看小女孩儿长得

原白银供电局派出所老所长和指导员谈案情

很让人心疼，就在小女孩儿的嘴上亲了一下。之后才抱起她，放进衣柜内。

高承勇对朱爱军评价自己说："我认为自己是个恶人，比较疯狂。"

七、杀了热情待客的姑娘

1998 年 11 月底，眼看着令白银惊恐万分的一年就要过去了，然而，恶魔的脚步却并没有停下来。

1998 年 11 月 30 日上午 7 点，高承勇乘班车从青城来到白银寻找作案目标，10 点左右，高承勇盯住了步行回家的崔娜娜。

当时，崔娜娜正好在建安十字路口从马路的东面往西面过马路，高承勇悄悄跟在她的后面，保持十几米远的距离。

走了一段距离后，崔娜娜右拐走进氟化盐工厂家属院的便道内，道南是楼房，道北是一堵墙，她走到最西面靠头的单元口上楼了，高承勇就悄悄跟上去。

在一楼楼道高承勇听见她在二楼开门，她进门后，高承勇就跟到二楼，在门口停下，听见她在里面放东西的声音和换鞋的声音，没有说话的声音。作案之前，高承勇既兴奋又紧张，心跳得很快，便上到四楼，缓和一下心情。停留了约两三分钟，高承勇转身下楼，在二楼的房门口敲门，刚一敲门，门就开了一个缝，原来门没有上锁，高承勇便推开门进屋了。高承勇进屋后，随手将门锁上，进门后是个客厅，往前左手边有个房门。他走到房门前，当时崔娜娜在室内床头边站着，看窗外不远处球场上打球的人们。

“你是怎么进来的?”

“我一推门，门就开了。”

崔娜娜以为高承勇是来找自己父亲的，便请他进屋里坐。高承勇进屋后坐在了沙发上。崔娜娜给他倒了杯茶，放到了沙发前面的茶几上。

崔娜娜告诉高承勇，父母出去看房子了，还没回来。高承勇就捧起茶杯喝茶，崔娜娜安静地坐在了床边上。

高承勇在沙发上坐着，心里想，这个女的说她父母出去看房子了，不知道什么时候回来，做还是不做?

看到高承勇的身体有些发抖，崔娜娜就问他是不是很冷，高承勇说是。崔娜娜站起身来，拿起暖瓶，给高承勇添了点儿水。

高承勇用双手抱着杯子装作暖手，其实心里仍然很紧张。过了一会儿，高承勇感觉好了点儿，不那么紧张了。

高承勇站起身来，掏出刀走到崔娜娜跟前说：“我是来要钱的，不是找你爸的。”

崔娜娜听到这话，立刻站了起来，尖叫了一声，准备开门逃跑。高承勇拉住她的胳膊，用刀在她的后背部捅了一刀。崔娜娜仍使劲喊着，高承勇就猛推了她一把，把她推到了床上。接着高承勇用手把她的头压到床上的枕头上，用刀在她的脖子右侧捅了一刀。

看到崔娜娜一动不动了，高承勇就把她的腿抬起来，放到了床上。

高承勇找了件衣服把刀擦了一下，装到裤兜里。然后过去把这个房间的窗帘拉上，开始翻找东西。

高承勇看到在床头西面靠墙放着一张桌子，他拉开抽屉，找到一张面额为50元的纸币、一本相册，还有4张崔娜娜的单人照片。高承勇将50元钱装在了身上，把她的那4张照片和相册都装进一个塑料袋里，带走。

没有找到其他值钱的财物，高承勇有些生气，也有些失落。这个时候，高承勇兽性大发，就想强奸崔娜娜。于是，高承勇把她的上衣推到乳房以上，扒掉裤子，对其实施了奸淫。

高承勇出门后，小心地把门锁上。在他身后，屋内血流了一地。崔娜娜的衣服还静静地晾晒在衣架上，她的自行车还停在门口。

从进门到出门，大概用了20分钟左右。整个院子如同过去的每一个寻常日子一样，没有人听到任何异样的声响。

从氟化盐工厂家属院出来，高承勇往白银图书馆方向走，再走到通达饭店，在水川十字坐车回水川。走到黄河吊桥中间时，他把刀扔在了黄河里，相册没有舍得扔掉。

过桥后，高承勇走到桥下游200米黄河滩边呆坐着，他翻看相册，欣赏半天之后，掏出打火机，连装相册的袋子一起烧掉了。

此时，高承勇已经欠下7条人命，他对鲜血迸溅的场面和被害人临死前痛苦的表情已毫无后怕。他每天要做的就是两件事，一是寻找作案的机会，二是躲避公安抓捕；他杀人的目的也只有两个，一是抢钱，二是强奸。

崔娜娜的妈妈是第一个看到女儿被害的。当天中午，她本来是打算回来给女儿做午饭的。看到女儿屋里凄惨的景象，她一下就晕厥过去了。

法医鉴定显示，崔娜娜全身共22处损伤，除右颏部为皮下出血外，其余均为刺伤和切割伤。左耳、双乳、双手、阴部均缺损，系死后被凶手用锐薄刃器切割形成。

后来，警方对比发现，当初民警在现场茶几上的那只陶瓷杯上提取的手印痕迹与高承勇十指指纹捺印样本中的右手食指吻合，为同一人所留。

高承勇被抓当天晚上，崔娜娜的弟弟崔向平通过朋友第一时间知道凶手被抓。2016 年 8 月 26 日之前的那些年里，因为凶手一直没有抓到，崔家人一直没有从她惨死的伤痛中走出来。

“姐姐刚出事那两年，我们家年年月月都会去白银市公安局问案子的侦破进展，但是，一直没进展。等父亲去世之后，我们再没有去公安局问过。尽管我们谁也不刻意提起这事，但是我们一家人永远放不下这事。我曾经想，这个案子是破不了了，直到我老了，可能都破不了。”崔向平说。

最开始，崔向平不敢相信，但是挂完朋友电话后一分钟，他看到了凶手被抓的新闻，便立马给家里人打了电话。苍天有眼，这案子终于有结果了。姐姐遇害那年，崔向平才刚上大一。很长时间里，崔家人连恨的对象都没有，因为不知道到底是谁杀了姐姐，不知道应该去恨谁，内心的愤恨发泄不出来。

崔娜娜的案子发生之后，民警郝玉新曾多次找过她的父亲，跟他谈过很多次话，给他鼓劲，让他要相信政府，相信公安，一定会抓住凶手，为崔娜娜伸张正义。让他保重身体，等着案子告破。遗憾的是，崔娜娜的父亲没有等到那一天。崔娜娜遇害后的第 3 年，崔爸爸就因肝硬化，肝气郁结，最终患肝腹水而去世了，时年 51 岁。

崔娜娜所住的 59 号楼恰好位于一条上坡路的起点，背面没有封闭院墙，又与人流密集的金鱼公园仅200米之隔，从而为高承勇提供了隐蔽进入和安全离开现场的机会，可见当初他踩点的时候是很用心的。

高承勇交代，自己以前从没见过崔娜娜，也不认识，不知道她叫什么名字。后来多次看到介绍白银连环杀人案的相关报道，才知道当时在氟化盐工厂家属院被他杀害的女孩儿叫崔娜娜。

如今的氟化盐工厂家属院，和二十年前的样子没有多大变化，房子还是那些房子，人也还是那些人，只是院子里的树长粗了，当初的邻居们都老了，孩子们都长大了。

几个阿姨在院子里打麻将，她们临时搭起的麻将桌紧挨着

高承勇杀害住在二楼的崔娜娜之后，沿着旁边这几道台阶逃走

崔娜娜被害的那栋居民楼。

跟笔者说起崔娜娜被害的事，末了，在场的阿姨都感叹一声："唉，多好的一个姑娘，可惜了。"

崔娜娜死后，高承勇并未终止作恶，他还在白银游荡，伺机而动。

郝玉新说，此时的白银，人心惶惶，草木皆兵。白银市公安局几乎调动所有警察，包括武警，甚至连社区大妈都发动了，三班倒着值班，24 小时不间断巡逻白银市内所有的大街小巷。

接二连三的凶杀案令白银人大为震惊，给大家带来了莫大的恐慌。人们虽然暂时不知道凶手是谁，但凶手的残忍众人皆知。恐慌像瘟疫一样蔓延在白银的大街小巷，一到晚上，基本上没有人敢出门，各家各户都提心吊胆，睡觉时再也不敢开着门。不少家属院采取了相应的防范措施，特别是平房区的人家纷纷把大门加厚、装锁，有围墙的将围墙加高，把门闩加固。

在已发生的这 7 起案件中，警方都把视线锁定在当地人作案。其中部分原因是因为高承勇作案的地点不循常理，通常都是临时选择的，而且几起案件案发现场相距都不远，最近的只有几十米远，再者，随着作案次数的增多，高承勇具有一定的反侦查意识，每次作案后第一时间离开白银，离开白银就等于逃出了公安机关的搜捕网。而且，高承勇每次作案都是随机选择目标，案发地居民几乎没有人发现他，更没有人对他留有印象，这也常常给警方造成凶手就在附近的假象。

2018 年 3 月，宣判之前，在白银区看守所，高承勇曾经对管教吴育祥说起杀害崔娜娜一案。他对吴育祥说，这个女孩儿很热情，对自己很客气，真不应该杀她，现在想来，有些后悔。

八、当着两岁幼女的面杀死其母亲

2000 年 11 月 20 日上午 8 时许，被心中欲望折腾得坐卧难安的高承勇，吃过早饭，就坐班车从青城来到白银。

上午 10 时许，高承勇窜至白银区棉纺厂平房（由东向西第五家、由西向东第二家）罗红霞家门口。

在 2000 年前，这里有 7 间平房，是棉纺厂用来安置有家庭却排不上分配家属楼的新进职工的。平房相比于多人集聚的单身宿舍要好一些，起码让一家子同住一个屋檐下。尽管厕所、水房都在外面，有一些不方便，但是能够住进平房的也是少数人家。

当天，高承勇发现罗家的房门开着，里面传出女人和小孩儿的声音。高承勇假装路过，从房门前走过去，又折回来，看到周围都没有人时，便决定动手。

高承勇走到门口推开门进去之后，发现这家就一个房间，靠里面左手有一张双人床，罗红霞在床边坐着，她前面地上站着一个两岁左右的小女孩儿。进屋之后，高承勇顺手把门关上了。

很多年后，高承勇仍清晰地记得当时进屋后的情景。他判断，罗红霞大概 30 岁左右，穿着黄色呢子衣服，蓝色牛仔裤，身高有一米六左右，头发到肩部，披着，中等身材。实际上罗红霞当年 28 岁。

进屋子之后，高承勇先是持刀相向，继而言语威胁，用事先准备好的尼龙绳将罗红霞反绑起来。在反绑时，罗红霞大声喊叫。高承勇拿起床上的一件衣服塞进罗红霞嘴里，双手掐住她的脖子将其掐晕。之后，高承勇强奸了昏迷中的罗红霞。然后就开始在屋子里翻找东西，什么也没有找到，而后高承勇走上前，把绑罗红霞的绳子解开，装进裤兜里。

高承勇看见她手指上戴着一枚金戒指，就取下来装进自己的裤兜里。20 天后，高承勇以 50 元钱的价格卖掉了这枚金戒指。

摘取金戒指的时候，高承勇感觉罗红霞还有一点儿呼吸，身体好像动了一下，高承勇怕她再活过来，就掏出刀在她的脖子上狠狠地捅了一刀，将其气管彻底划开，致罗红霞大失血死亡。

这一切全都是在女娃娃的面前做的，女娃娃先是吓得愣住了，然后才来到妈妈身边，坐在血泊里，拉着妈妈的衣服哭着。

高承勇将女娃娃抱到床上，让她坐好，然后携带布兜逃离现场。高承勇没有伤害女娃娃，是因为他觉得女娃娃还不会说话，不会暴露自己。至此，这是高承勇犯下的第 8 宗命案。

2000 年 11 月 20 日，警方在罗红霞被害现场外围该栋平房西侧地面提取的一枚鞋印与高承勇穿右脚鞋的石膏样本鞋印吻合，系同一人所留。

法医尸检认定，罗红霞系颈部大血管横断大失血而死亡。死者生前有窒息现象，颈部创口下缘有点片状皮下出血伴表皮脱落。

“当时，宿舍区是两排平房，罗住在前一排，我住在后一排，隔得不远，等我们知道时，现场全是警察。凶手手段太残忍了，都说满屋子全是血。”事发 15 年后，说起当初的惨案，已经退休的陈大姐仍心有余悸。

邻居庄丽向警方反映，当天早晨 10 点多钟，自己躺在床上隐约听到好像是罗红霞的房间里有一男一女吵架的声音，她确认女人的声音是罗红霞的，但男人的声音很陌生，不知道是谁的，吵架大约只持续了七八分钟。10 点 45 分左右，她走过院门口的垃圾堆时，有个男子与她擦肩而过，身高一米七五左右，双手插兜，穿一件麻黄带红色的休闲服，裤子是条深色的，大约三十四五岁。

“她遇害的房子，有十平米左右，就在我们保卫科的正后方，我们居然没有发现任何动静。”高承勇落网后，面对前来采访的各路媒体记者，时任棉纺厂保卫科科长老董说起此案，仍非常内疚。

第一个发现罗红霞遇害的人，是她的丈夫刘先生，他在铁路局工作。他下了夜班回家时，发现两岁的女儿趴在床上哭，而妻子已经倒在血泊中，气息全无。他很后悔，自己下班后，先去办公室领了工资，然后才回家，不然有可能正好遇到

高承勇一家人曾经在这栋一居室房子里租住了6年

凶手。

令世人感到恐怖和难以理解的是，在作案 6 年以后，自 2006 年到 2012 年，高承勇竟然和妻子一直租住于白银棉纺厂家属院内。他们租的是 3 号楼一单元一楼右侧居中的那套一室一厅的房子。

“得知高承勇被抓的那天，我直到晚上 3 点才睡着，一直在想和他家来往的事情。现在想来，小高（高承勇）以前的行为确实比较奇怪，他不像其他男人爱在院子里转悠。他最多就是在家门口抽烟，蹲着或者搬个凳子坐着。”孙阿姨看到高承勇落网的新闻后，既后怕又吃惊。

孙阿姨对笔者说，她曾经和高承勇的老婆聊起过 6 年前棉

在胜利街大货场趴活揽活的“站工”们看到雇主的车，开心地围上去

纺厂小区发生的那起案子。孙阿姨说，白银以前有个杀人狂，这些年再没见杀人。而高承勇的老婆说，那个“坏怂”可能是冬天伪装起来出来害人。令张清凤料想不到的是，她所说的那个“坏怂”，就是她的丈夫高承勇。

孙阿姨记得，高承勇落网后，张清凤哭得死去活来，说不想活了。最终，顶不住内心巨大的压力，张清凤离开白银，去往成都躲到了大儿子那里。她谢绝了与律师、媒体记者、其他陌生人的一切见面，拒绝接听任何媒体记者的电话，就连高承勇初审开庭，她都没有出现过。

在孙阿姨的印象里，曾经的邻居高承勇一直没有固定职业，“干搬运工之类的活，他还跟我说他在内蒙古的一个铝厂里工作过。他住在这的那几年，有时会出去打零工，很多时候就在家待着。”

正如孙阿姨所说，在棉纺厂租住期间，高承勇的确没有什么稳定工作，大多数时候靠去胜利街货场当“站工”为生。所谓“站工”就是打短工，卸货、扛东西、搞卫生……什么都做。

九、临终遗言：“长发”“本地人”

张雅静是白银市白银区水川镇人，初中毕业后考入兰州医学院下面的一个护士学校 91 级 2 班就读。20 世纪 90 年代初期，上中专比上高中更有前程，学费低，毕业后还包分配工作，能读护理专业的学生，通常都是成绩拔尖的佼佼者。

1994 年 7 月，张雅静毕业后被分配到白银市妇幼保健院，在门诊上班。

“张雅静人长得挺漂亮的，眼睛大大的，脸盘圆圆的，见人就笑眯眯的，让人看着特别喜欢。”身边的同事说道。

20 世纪 90 年代末，张雅静嫁给了同乡的一个小伙子，很快就生了一个女儿，随着新世纪的到来，三口之家即将展开崭新的生活。然而，天不遂人愿，2001 年 5 月 22 日早晨，刚结束夜班的张雅静下班回家后被高承勇尾随，身中数十刀，躺在血泊之中。

5 月 22 日上午 9 点半，高承勇骑自行车来到白银市三角花园附近的平房区，初次寻找作案目标无果之后，他骑着自行车在毛巾厂十字路口停下，等待新的目标出现。

高承勇看到了买菜归来的张雅静，想起了之前杀害的杨芹芹，他有些兴奋，像嗜血动物闻到血腥一样。

高承勇悄悄骑上自行车跟上张雅静，跟着她朝南走了 80 米左右，看到她拐进一个便道，高承勇紧跟上去，顺着便道走了 100 多米后，看到近处有一栋楼，张雅静进单元门上楼了。

高承勇把车子停在单元门门口，悄悄跟了上去。此时，是早上 10 点半左右。

张雅静居住的水川路 28 号楼，虽然位于农委大院内，但是正前方却有一个人流稠密、无法有效监控的市场。正好张雅静家又是楼内最靠里侧、楼层最高的一户，无意中又延长了高承勇作案被人们发现的时间，从而使得他在得手后顺利逃脱。

时隔多年，张雅静曾经的住宅门口仍然悬挂着一块耀眼的红绸布，听院子里的老人说，这是辟邪的，因为这个房子死过人，是凶宅，得挂着红绸布辟邪。

高承勇跟踪张雅静到屋门口。张雅静刚开门进屋，回身正要关门时，高承勇紧跟上去强行推开门。进屋后，高承勇顺手把门锁上了，右手拿出刀，指着张雅静。

张雅静惊恐地问高承勇："你来干什么？"

高承勇说："我是来要钱的。"

看着高承勇手里的刀，张雅静没敢呼叫，把手里提的菜扔到地上，愣愣地站着。

高承勇推着张雅静走到中间的一间卧室内。

张雅静说："我家里没有钱。"

高承勇说："我自己搜，我先把你捆上。"

看着高承勇手里的刀，张雅静只好顺从地让高承勇捆住自己。捆好张雅静后，高承勇淫心发作，想强奸张雅静，就把她推倒在床上。发泄完兽欲后，高承勇各个屋子里翻找现金，只找到了两张 10 元面值的人民币。这个时候，高承勇看到桌上有一本影集，他顺手打开翻看了一下。此时，张雅静还躺在床上，双手使劲挣扎着，试图挣脱绳索。

高承勇走到床前，从裤兜里掏出刀，朝张雅静的脖子部位，从右往左捅了一刀，把她的气管割开了。

高承勇看见张雅静整个人都不动了，就解开捆在她手上的绳子，把绳子装到自己的口袋。

临离开时，高承勇看见张雅静的裤子在地上，皮带还挺新的，就走上前去，把她的皮带抽下来拿在手里。

高承勇又走到进门的第一个房间，在组合柜的台面上把那本影集拿上。临出门口时，高承勇转身回头看了张雅静一眼，这时，她从床上翻滚下来了，在地上躺着，还有呼吸，但高承勇估计她活不了，就把门锁上，离开了。

之后，高承勇骑自行车回到青城，骑到黄河边上找了一个没人的地方打开影集，他欣赏一会儿之后，就掏出火机，点火烧了。

张雅静并没有当场死亡，大概是由于本身学医的缘故，凶手逃走后，气管被切开的她仍然意识清醒，并用尽力气掐紧喉咙以便能够说话，然后挣扎着给警方拨打求救电话，也给她的老公打了电话。到医院后，张雅静临终之前只说了“长发”“本地人”几个字。

法医尸检鉴定，张雅静为锐器刺伤，分布于颈、背、腹等处。以颈部损害最为严重。根据创口特征，推断凶器为刃宽2.4至2.8厘米、刃长12厘米以上的锐薄刺器。

另外，2001年5月22日，警方在被害人张雅静被杀现场室内地面上提取的带血鞋印，与后来高承勇左脚鞋的油墨捺印样脚印吻合，系同一人所留。

据张雅静老公回忆，2001年5月22日上午11点左右，一位邻居在楼道喊他，说他家出大事了，让他赶紧接电话。他跑到三楼邻居家接电话，是妻子张雅静打来的，她说她被人捅了几刀。他把电话挂了后，就叫了关某和韩某去自己家，到家后看到妻子在客厅里趴着，她是从卧室里爬出来的，满身满地都是血，身上一丝不挂。

几个人用床单把张雅静包起来，抬到一楼，120救护车就把人拉到医院抢救。

张雅静老公赶到家时，发现家里的门是锁着的。客厅地上有两根笋子，还有西红柿，妻子的衣服在卧室地上扔着。事后发现，家里遗失了一些物品，分别是妻子的手表、金戒指、皮带，他的一条休闲裤，以及一本相册。

张雅静的钱包是打开的，里面是空的，平时她都带着几十元，最多一百元，这天带了多少未知。

“那几年，全白银市都很紧张，但怎么也想不到我们身边的人会卷到（命案）里面去，也没有去联想。”张雅静的同事小王对民警说。

当天下午，张雅静的遗体被安放至白银市第二人民医院太平间。小王在太平间门口看到了她的老公，他的眼神很绝望、很无助。事发后很长一段时间，小王下夜班后都不敢独自回家，如果家人不接她，她宁肯和病人挤一张床睡一晚上，也不肯自己回去。值夜班的时候，有女同事会把儿子带在身边，并告诉儿子如果遇到坏人，赶紧跑去找警察。

张雅静一案，由于事涉强奸，曾有流言说她的死因是情

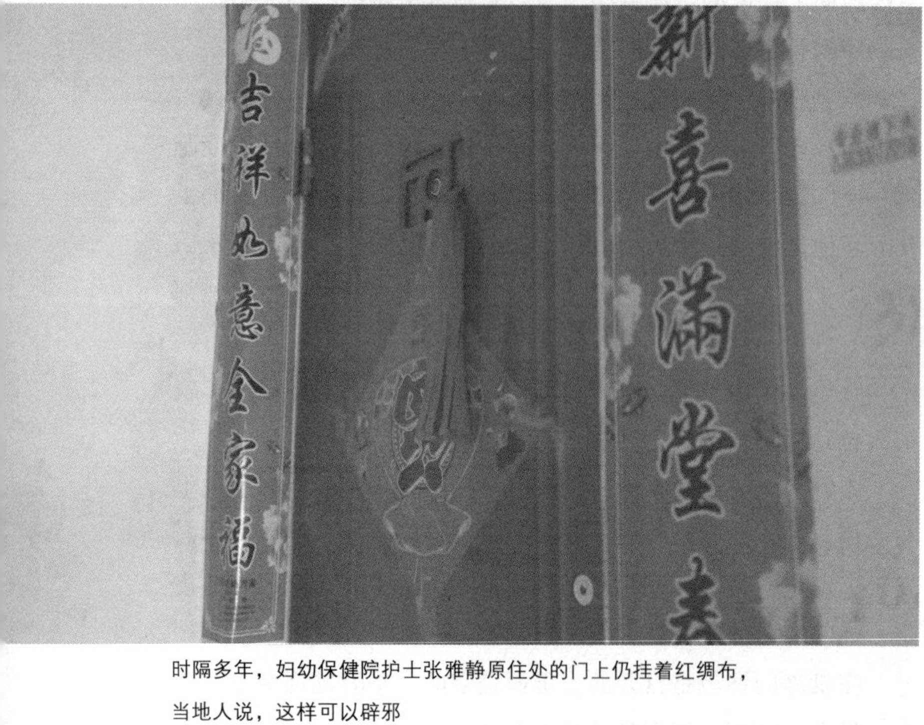

时隔多年，妇幼保健院护士张雅静原住处的门上仍挂着红绸布，
当地人说，这样可以辟邪

杀，猜测其有婚外情。时隔 15 年之后，随着高承勇的被抓，不仅让白银市内十几年间的连环杀人案告破，也终于还了她一个清白。

令人发指的是，高承勇作案后在河边销毁作案证据时想，自己每次作案，都隔有一段时间，没有连续作的，不如就连续两天作案，警察肯定想不到，于是他决定第二天再杀一个人。此时，高承勇已经彻底丧失了人性。

十、“遗失的绳子”

2001 年 5 月 23 日早上，高承勇骑自行车从青城一路骑行到白银城里。大约 11 点半左右，高承勇骑车来到了凯宏楼宾馆楼下。上到三楼的时候，在楼道口，高承勇听到有录音机放歌的声音。这间房间在楼道最东侧，靠近马路。

高承勇往前走了几步，看到其余房间没有别的人，又返回到门口听了听，没有听见说话声，他就选定这间房子进去作案。这时，高承勇感觉自己又紧张起来，心跳也加快了。他转到楼道南侧，再次查看了其他的房间，还是都没有声音，他又在楼道口停了两三分钟，平复了一下心情，就过去抬手敲门。

穿咖啡色上衣的常雪毫无戒备地给高承勇打开了门，她完全想不到，在打开门的同时，也打开了自己生命的地狱之门。

看到这个屋里就常雪一个人，高承勇便走了进去。直至 2018 年，在看守所里，高承勇仍然清晰地记得常雪身高一米六左右，体型中等，披肩长发，瓜子脸，20 多岁，说一口普通话。上身穿咖啡色的线衣，下身穿接近咖啡色的裤子。

高承勇记得常雪住的房子是个单间，木质门，进门左手有一张木质桌子，靠窗户边有一张单人床，有一个录音机在放着流行歌曲。

高承勇进到了屋里，顺手将门锁上了。

常雪看到高承勇不请而入，便问：“你是干什么的?”

高承勇说：“我是来要钱的。”

常雪说：“我没有钱。”

高承勇便说：“没有钱，我就把你捆上，我自己找。”

说完，高承勇用右手把刀掏了出来，用左手把常雪推到床边，将她推趴到床上，拿出绳子打算从背后将她的双手反绑起来。

这时常雪说：“我们的人马上来了，你赶紧走，不然我就喊人了。”

高承勇在床上找了一条毛巾，准备堵常雪的嘴，常雪不停地扭头躲闪，并把手上的绳子挣开了。

高承勇就掏出刀，朝常雪的腹部使劲捅了一刀，她用双手推打高承勇，并大声喊叫。

高承勇想捅常雪的脖子，不让她喊叫，但是她的手挡着刀，捅不到脖子上，高承勇就在她的身上乱捅。就这样，两人猛烈搏斗了几分钟。

常雪的反抗非常激烈，她的身上、胳膊、腿上都被刀子捅到了，最终，身受重伤的她跌倒在地，但尚未失去意识的她还在大声喊叫。

高承勇看见床上有个被子，便拿起被子捂到她的头上，把她压住，再次用刀在她身上疯狂地捅了数刀，慢慢地，常雪不喊了，也不动了。

高承勇拽过一件衣服，把刀擦了一下，手上的血也擦了下，就开始在房子里翻找东西，他把房间内的抽屉翻了一遍，没有找到任何财物。一无所获的高承勇就准备离开。离开前，他先在门口听了一下外面的声音，听到楼道里没有声音，就把房门打开，悄悄地下楼。

在楼梯上，高承勇发现自己手上还沾有血迹，便在下一层的水房里把手洗干净了，然后假装若无其事地从宾馆出来，骑上自行车回了青城。

落网后，高承勇交代，杀死常雪费了好大一番功夫，这个姑娘反抗得太强烈了，他感觉自己几乎就要控制不住局面，他害怕得很。

虽然高承勇在杀人时非常凶残，但内心里其实是极其虚弱的，只要遇到被害人反抗，他就会吓得心惊肉跳，生怕自己跑不掉了，所以，他就拼命地用刀子捅常雪，目的就是杀死她，尽快脱身。

高承勇杀死常雪后，骑行到青城黄河吊桥的时候，将布兜和刀扔到了河里，但是，仓促之间，当时作案用的绳子他没有找到，应该是丢在现场了。

审讯时，高承勇交代，他记得绳子是尼龙绳，有两米长，有笔杆粗细，这次绳子和前几次的不同，弹性比较大，高承勇把常雪绑住后，她用劲一拽，变长了，松开了，绳子的颜色高承勇记得好像是白的。他还记得作案的时候房间里的录音机一直在响。

常雪的同事曹万明是第一个看到其被害的人。她对警方说："当天上午，我和常雪在服务处值班，大约 11 点的时候我朋友马丽珍来找我，我和她在凯宏楼 323 室说了一会儿话，然后就和马丽珍去了 501 室婚介中心说话，大约 12 点的时候，我返回服务处取杯子，去时门开着，常雪在地上仰躺着，被子一半盖在腿上，一半在身子下压着，地上有好多血，我问她怎么了，她说有人抢钱了，赶快送她去医院。我就去喊人，然后我打了 110。我看到常雪时，她一只手上捆着尼龙绳，另一只

在这座宾馆里，高承勇犯下了第 10 起案子，杀死了女孩儿常雪

手上拿着一块手表。”

法医鉴定书显示，常雪的尸体主要表现为全身多发性单刃锐器创伤。

这一年，高承勇的大儿子读初一。据《北京晨报》报道，班主任曾在一周内以“自我保护”为主题开过两次家长会，告诫家长，有条件的家长要亲自接送孩子，保证学生晚上7点前回家。

当时，高承勇带着大儿子参加了这次会议。散会后，许多学生家长都去找老师了解孩子情况，高承勇却带着儿子悄然离开了。

一个半月之后，2001年7月13日，万众瞩目的2008年奥运会举办城市终于在莫斯科国际奥委会第112次全会中揭晓。时任奥委会主席的萨马兰奇念出了那个令全体中国人感到骄傲和兴奋的名字：北京。

而常雪却看不到这激动人心的一幕了。

十一、地板上的脚印

2002年2月5日上午9点左右，高承勇坐班车从青城来到白银。上午10点左右，高承勇窜至白银区陶乐春宾馆三楼，他被欲望蛊动得坐卧不安。

高承勇看见开水房里有一个女的，正在洗拖把，这个女人就是朱海荣。

开水房左手边是一个男厕，并排过去是一个房间，门敞开着，高承勇推测这个房间就是洗拖把的女人住的，房间旁边放着一个脸盆，里面装满衣服。开水房右手边是一个服务台，座位上没有人。

高承勇听见朱海荣上楼的声音，知道她离开房间了，就赶紧进入到她的房间，此时门正开着，地面刚刚被朱海荣拖过。湿漉漉的地板，被高承勇踩出了一行新鲜的脚印。

高承勇进门之后，看见屋内靠窗户的衣架上挂着一个包，他快速翻包，寻找财物，结果什么也没有找到。高承勇担心被朱海荣发现，就赶快从屋里出来了。

刚走到门口，朱海荣正好从楼梯道上下来了，将正要离开的高承勇堵住了。

朱海荣质问高承勇："你将我的什么东西拿走了？"高承勇说什么也没拿。

朱海荣指着地板上的脚印说："什么都没拿怎么地上都是你踩下的脚印？"

然后，朱海荣就扯着高承勇的袖子让他进去看在地上踩的脚印。

高承勇进屋后，顺手将门关上了，右手将刀拿了出来，对着朱海荣比画着。

随后，高承勇把绳子拿了出来，说要把朱海荣绑上，再找找钱。看到高承勇手里拿着刀，朱海荣便没有反抗。

高承勇把朱海荣推到床边，压趴在床上，把她的手背过来。高承勇将她的手从后面反捆起来，捆绑的时候，他想起上次捆绑常雪时没有捆好，结果让她挣脱了，所以这次高承勇想捆紧一点儿，便用绳子在朱海荣的两个手腕部紧紧地缠了两圈，高承勇双手往紧处一勒，朱海荣就开始大喊救命。高承勇急忙拿起绳子的另外一头勒住了朱海荣的脖子，将她压在床上使劲勒，勒了大概有五分钟，她不动了。高承勇强奸了朱海荣后，把她的身体又翻过来让她趴在床上，把绑在她手上的绳子解开了。

当时，高承勇感觉朱海荣还有一点儿呼吸，又拿刀在她脖子上捅了进去，将她的气管割开。高承勇看见割开气管后，朱海荣的脖子往外流血，流到了床上。

高承勇撩起朱海荣的衣服下摆将刀上的血擦了一下，放回裤兜里。看见窗帘开着，高承勇几步跨上前去，将窗帘拉上，回过身将门关上后就走下楼，坐车回了青城。

朱海荣是一年前和另一个叫曾静的女孩儿一起租住在陶乐春宾馆三楼的两间房子里的。后来曾静搬到宾馆的其他房间去了，她和她的男友姜权静两人住着。发现朱海荣遇害，已经是案发 3 天以后了。朱海荣的同事曾静向警方反映，2002 年 2 月 9 日中午，她说她回到宾馆接到姜权静的电话，他说他这几天打朱海荣的电话打不通，让她去看一下。

曾静来到朱海荣的房间门口，推了一下门发现门没有锁，进去后看见朱海荣赤裸下身，上身穿一件红色毛衣在床上趴着，便叫服务员王秀珍来看，王秀珍一看说人已死了，尸体都硬了，便拿了一件毛衣盖住死者赤裸的下身，打电话汇报领导并报警。

令人恐惧的是，陶乐春宾馆马路斜对面 20 米就是白银市公安局白银分局人民路派出所，而在其东北方向的中心街上，就坐落着白银市公安局白银分局。高承勇光天化日在派出所和公安局旁边强奸杀人，其心理素质远远超出了一般人。

惨案之后，宾馆大楼被拆除重建，如今，大楼一侧还残留着“陶乐春”三个字。

2016 年 8 月 26 日，高承勇落网后对其在 1988 年 5 月至

2002 年 2 月间在白银和包头两地实施强奸杀人作案 11 起、杀死 11 位女性的犯罪事实供认不讳。

死者长已矣，生者常戚戚。白银案真凶高承勇的落网，对于大多数白银市民来说，都是一个值得长舒一口气，并为之欢呼庆贺的事情。然而，对本案 11 位被害者的家人来说，他们内心的伤痛却永生难愈。

高承勇最后一次作案的陶乐春宾馆如今已更名

第二章　追踪与潜伏

一、DNA 技术锁定真凶

2016 年 8 月 26 日，从白银市公安局传来一个令人振奋的消息：在白银市北郊工业学校的学生服务部（小卖部）里，警察抓走了 52 岁的男店主。

这个身材壮硕、穿蓝白条纹衬衫、花白头发、国字脸的中年男人就是公安部督办的白银案真凶高承勇。

面对突如其来闯进小卖部的警察，高承勇曾试图夺门逃跑，但最终被警察控制后，押进警车。

警察问："你知道我们为什么抓你？"

高承勇说："知道。因为我杀人了。"

从 1988 年 5 月 26 日到 2016 年 8 月 26 日，高承勇在时光的阴影里，背负 11 宗命案，藏匿了 28 年。法网恢恢，最终，他还是落入法网。

2016 年 8 月 27 日，公安部刑侦局官微向全国发布公告，尘封28年，被民间列为“建国以来十大悬案”之首的“甘蒙‘8·05’系列强奸杀人残害女性案”（即白银案）告破。

2016年11月底，白银市公安局刑警支队支队长刘同林和专案组其他几名成员，接受央视采访，详细介绍了白银案的整个侦破过程。

“自1988年5月26日案发至2016年8月26日，28年来，为侦破这起世纪悬案，白银公安局换了8任局长；28年来，公安机关共采集指纹23万枚，对比了至少10万枚指纹；28年来，各级公安机关有上百位刑侦专家参与侦破此案。”在刘同林的职业生涯中没有哪起案子能有这样的分量和影响，也没有哪起案子侦破得如此艰难和漫长。

白银市公安局政治部副主任杨丽介绍，破案的关键在于发现并抓获真凶，但是，这个过程却异常艰难。1988年5月26日首案及“94·7·27”案件发生后，白银市公安部门调集警力，对首案案发地原始范围内所有15岁至30岁的男性及“94·7·27”案件案发地白银市供电局原始生活区域内的所有男性，白银区有前科、流氓劣迹的人员逐一进行了摸底审查，均未取得实质性进展。为打破僵局，甘肃省公安厅协调各地多位公安刑侦专家来白银就此案进行会诊，深度刻画嫌疑人体貌特征。之后，专案组依据作案手段和指纹比对，将1998年的4起案件及“88·5·26”案件、“94·7·27”案件串并，6案并案进行侦查。

甘肃省公安厅刑侦局局长胡义介绍，随着时间的推移与破案技术的升级更新，2001年8月白银案的破案拐点出现了，公安部刑侦局将该案定为部督案件，在以后的几年中，多次派出刑侦及法医专家与甘肃省公安厅刑警总队成员组成专家组，联手对案件进行会诊，扩大外延排查区域，对白银市三县两区和多个系统单位及兰州市榆中、皋兰两县等符合年龄段的男性开展新一轮专案排查。

至2004年，案子再次取得重要突破，朝着最终破获迈出了关键的一步。这一年，在公安部的组织下，甘肃、内蒙古两地警方对白银的10起命案和内蒙古包头的1起命案进行并案侦查，并在8月5日的会上将该案正式命名为“甘蒙‘8·05’系列强奸杀人残害女性案”。

警方为侦办此案动用了整个甘肃省公安的力量，民警对甘肃境内所有犯了案的、可疑范围内的、非正常死亡的人大部分都查过了。从1998年到2015年的17年间，甘肃省对白银系列强奸杀人案采取“案案挂靠”的办案方法，凡是有案子，不管大小，先考虑跟白银案有没有关系。

2016年3月，公安部开展命案积案攻坚行动，由公安部刑侦局副局长刘忠义牵头成立工作组，选择了包括白银案在内的9起久侦未破的命案积案，直接组织侦办。首批9起攻坚目标案件均为严重恶性案件，犯罪手段均十分残忍，在案发地乃至全国影响都很大，虽然案发地公安机关连年攻关，但久侦未破，案件侦破工作陷入僵局。

在攻坚行动工作组接手这9起案件后，如何在前人的积累上寻找新突破，成为破案的关键。此次攻坚行动中，刘忠义带领的刑侦团队精心指导、科学破案、攻坚克难，9起案件中的5起（包括白银案）被成功破获。公安部刑侦局疑难命案积案攻坚行动起到了极大的示范作用，2017年全国命案积案破案数比2016年增长了92.23%。

2016年3月27日，由刘忠义带队的工作组先后4次到达白银、包头市研讨案件，这批专家都是中国顶尖的人物，包括刑侦专家崔道植、公安部物证鉴定中心副巡视员闵建雄、贵州省公安厅原副厅长赵翔等专家。除此之外，还派出了 DNA 专家帮助白银市公安局建立 DNA 实验室，为白银市公安局提供 DNA 数据库和可以进行自动比对的软件平台，并安排甘肃警方技术人员赴河南等地进行相关培训。这一点成为日后侦破此案的关键。

在公安部刑侦局的主导和推动下，利用公安部提供的 DNA 数据库和软件平台查找比对，隐藏了 28 年的嫌疑人终于浮出了水面，警方确定了凶手所在的家族，这就是青城镇高氏

刑侦专家崔道植

家族。

民警到青城之后，找到了高家的家谱，根据已经掌握的高氏成员的DNA数据，确定了犯罪嫌疑人是高家第十二代一名叫高某芝的后代。

顺藤摸瓜，2016年8月26日上午，白银市公安局侦查员穆建虎和同事在白银工业学校的学生服务部里找到了高氏第十八代子孙高承勇。将高承勇带回公安局后，民警立即对他进行了DNA常染色体和指纹的确认。检测结果显示，他就是“8·05”系列强奸杀人残害女性案件的嫌疑人。

二、高承勇逍遥法外的种种“巧合”

据刘同林介绍，导致高承勇逍遥法外，隐遁潜逃28年的主要原因有以下三个方面：

第一，有犯罪证据，没有追寻线索。

此案件久侦不破的主要原因是认定犯罪的证据非常充分，认定和揭露犯罪嫌疑人的线索却几乎没有。犯罪嫌疑人在现场留下的指纹、脚印、精斑很多，但没有线索来指向这些是谁的。

第二，居无定所，行踪不定。高承勇都在白天作案，案发都在白银市区，这些特征都反映出当地人作案的特点。在警方对白银市当时符合作案年龄段人群一人不漏全覆盖调查无果后，将调查范围进一步扩大至与白银市毗邻的兰州市榆中、皋兰两县。但高承勇作案后或隐蔽家中务农，或外出打工逃避侦查。据警方调查，高承勇1988年作下首案后，一直居无定所，除了在青城镇家中短期居住外，行动轨迹飘忽于甘肃的兰州、天水及内蒙古的巴彦淖尔、包头等地。直到2015年，高承勇才回到其妻在白银市一所学校经营的小卖部中。

第三，狡猾的高承勇处心积虑地隐身潜伏起来，没有再犯过其他案件。在侦破此案的28年里，甘肃省对此案发生的14年中及案件告破前所有犯案的犯罪嫌疑人都采了指纹和DNA，如果高承勇在系列案件之外一旦犯过其他案件，立即就会进入警方的视线。但警方发现，高承勇在系列案件之外谨小慎微，避免与人接触，更没有做出需警方介入的违法行为。警方在白银排查嫌疑人时他在青城，等警方将青城纳入排查范围时，他又去了兰州、内蒙古。

以上种种“巧合”导致高承勇多次与警方的侦查“擦肩而过”。

三、当38年警察，追凶28年

2018年4月1日，在白银市鸿森宾馆，笔者等到了白银市公安局白银分局交通治安派出所所长郝玉新。

再过一个多月，2018年5月底，这位在公安战线上奋斗38年的老警察就要光荣退休了。

郝玉新先是拿了一只空纸杯，放到自己面前，然后又走到窗前，将窗户推得更大了些，而后稳稳地坐到椅子上，小心翼翼地从书包里掏出伴随他多年的那一沓沓案卷。

常年战斗在刑侦一线，巨大的工作压力使得郝玉新烟瘾极大，半天的工夫他就吸空了两盒烟。

至今，郝玉新仍完整地保存着当年的工作日记，里面详细地记载着他和战友们为侦破白银系列杀人案件每一天的工作日程和行动计划。

岁月悠悠，时光匆匆，笔者看到1988年发生的第一起案子的案卷，纸张都已明显发黄。

“唉，真没有想到，自己38年警察生涯中竟有28年时间会耗在甘蒙‘8·05’专案上，大好青春年华，都在这个案子上了。”因案件属地管理原则，1980年从甘肃警校毕业到白银市公安局白银分局刑侦队工作的郝玉新，亲身经历了发生在白银的这10起案件。现在，高承勇抓住了，案件破了，郝玉新很开心，警方多年攻坚克难，终于有了令人欣慰的结果。作为一名老警察，能在退休之前看到这个结果，这辈子没有白干，否则退休了也会觉得很窝囊，但是他也很遗憾，有的办案民警已经去世了，没有看到破案的这一天。

时隔30年，郝玉新仍然记得去第一起凶案现场的情景。凶手杀人的手法前所未见，被害人颈部被切开，上衣被推至双乳以上，下身赤裸，上身共有刀伤26处，屋子里也被翻弄得不成样子，奇怪的是，现场没有强奸痕迹，但是有猥亵迹象。当时，公安机关还只把此案当作个案侦查，图财、窥阴、杀人……为了寻获凶手，白银市里但凡是有劣迹的人都被盘查了，有上百个不止。

在郝玉新看来，民警压力最大，最忙碌的就是1998年这一年。当年，白银市连发4起血案，警方穷尽办法，寻找真凶，日夜出击，不断地赶赴命案现场。那段时间，警方接到的报案数量剧增，常有女性怀疑自己被坏人尾随而报警。那时，民警只要听到一点儿消息，就会刷地扑过去。

郝玉新对笔者感慨说，当时，连续的凶案，残忍的杀戮，让白银的老百姓和警察都已经草木皆兵了。

对警察来说，最难堪的就是案件发生了，警方却没能及时快速破案。那个时候，不止是郝玉新，每个参与办案的刑警心里都压了一座山，都觉得不破此案，无颜面对白银父老。的确，一个隐形的恶魔，在民警眼皮底下连续作案，杀害数人，对人民群众的生命安全构成了极大威胁，天怒人怨，人心惶惶，这是对公安机关的挑战，也是对人民政府的挑战，更是对广大人民群众的挑战。如果不尽快侦破案件，将恶魔绳之以法，人民群众还有什么安全感可言？政府还何以面对受害的群众？公安机关还何以称得上是人民群众的保护神？

可是，谁也没有想到案子会拖这么久，长达 28 年之后才破案。可以说，几代白银民警都生活在白银案的阴影下。

在等待真凶落网的日子里，该案的第一任经办负责人刘海

郝玉新保留的原始案卷已经发黄变色

平因心脏病突发去世，第二任负责人张国孝因患癌症去世，第三、四任负责人已经调离，他们带着刑警们奋战多年，只为抓住真凶的这一天。时光匆匆，当年年轻的办案民警，如今已经白发苍苍。但这 28 年间，没有谁放得下这个案子。28 年来，白银市公安局领导和刑警系统人员换了一拨又一拨，可这个案子依旧石沉大海。可以说，28 年里，这起案件一直是专案组所有成员心里一根无法拔去的刺，时时隐隐作痛，深受折磨。

郝玉新说，虽然大家都知道破这个案会很难，但是大伙儿心里都有个底气，那就是，跟凶手斗争到底，只要活着，就要把案子破了。

四、23 万枚指纹

2003 年，公安部门曾组织“指纹破案会战”专项行动，下载甘肃省厅现场指纹 4000 余枚，记录上报现场指纹 300 余枚，捺印指纹 2100 余枚，指纹信息查询 4 万余次。这一年，白银市警方的入户指纹取样已经达到 10 万份。

这 10 万份指纹来得可不容易，郝玉新和办案民警采取地毯式采集指纹。当时，全市 200 多警力都出动了，民警把白银市 70 岁以下、13 岁以上男性的指纹都采集了。

郝玉新记得，一捆捆资料铺满办公桌，直接堆到办公室的地板上。但是，取指纹的过程远没有想象的简单，它不可能穷尽白银市区 4 万个符合划定年龄段的男性，一个个排过去。当时，青城镇也去了，500 个目标人群里，有 200 个没打上，这 200 人里有吸毒的、有盗窃的，有的群众无论如何敲门也不给开。再则，由于法律方面的欠缺，公安条例上从没有赋予为破案而强制性取指纹的权力，对于那些不愿来打指纹的人，是不能采取强迫措施的。民警登门取指纹的时候，有些群众不愿意，对这事比较抗拒。

“我没干坏事，你干吗取我指纹?”民警只得反复给大家做工作。据郝玉新说，民警最先去的是白银903工厂，现场把职工的指纹打出来，单位上领导首先配合，党委成员以身作则，先自己示范，而后做工作，发动群众。白银市公检法人员、政府公务员、学校教师、医院职工、工厂职工、屠宰场职工、出租车司机……只要是符合年龄段的，都打指纹。

除此之外，居民区暂住人口，符合年龄段的，只要登记上的都打指纹。慢慢地，采完了白银市区的，民警的采集范围就扩大到景泰县、靖远县、榆中县、皋兰县，和白银区邻近的区域的人，甚至连流动人口警方都纳入了。截至2004年，警方共采集了23万枚指纹，完成技术对比的指纹达到10万份。

郝玉新回忆说，那个年代，比对指纹全靠人工，一枚一枚地对着看，时间久了，眼睛都看肿了。领导为了加强民警的责任心，让民警在每一份看过的材料上都盖上章，摁上手印。

当时局里每个民警都立了军令状，如果把这个案犯漏过去，那就直接脱警服回家，大家压力非常大，工作起来非常认真。民警在现场的勘查也比较细致，在11起案子上，绝大多数都提取到了关键物证，不管是手印还是生物检材。这些都为后期侦破此案验证高承勇罪行打下了良好的基础。假如在那时没有提取到，或者是因为水平问题、粗心问题，把这些关键物证漏掉的话，后期的案件侦破就会更复杂、更艰难。

笔者在白银寻访期间，问过5位男性出租车司机，无一例外，他们在当年都曾经接受过警方的排查，也都采集过指纹。

现在白银市大多数中青年，都记得在他们孩童时期，家里有警察造访，拿出两张有塑封的纸，每一张上面有五格，分别对应大拇指到小拇指，让他们的父亲用每根手指在墨盒里滚一下，再用同样的动作将手指滚在纸上。这已经成为一代白银男人的集体记忆。

2004 年，白银警方首次向社会公布了一份《白银市公安局侦破系列强奸杀人案件宣传提纲》的公告，这份公告首次证实了“白银确实出了个杀人狂”的事实。警方在公布案情的同时，亦悬赏 20 万元缉拿凶手。该公告中明确指出，1988 年到 2002 年白银市发生的 10 起性变态杀人案件系同一人所为，并将嫌疑人的特征描述为：“大约在 1964 年至 1971 年之间出生，身高约为一米六八至一米七六。此人应该是在白银长期居住，有较严重的性变态心理，或者生理缺陷，特别是具有性功能间歇性障碍症，对女性怀有仇恨心态。”

通告中，警方这样总结嫌疑人的性格特征：“内向、抑郁、冷漠、不善交际、孤僻不合群、做事极有耐心，并且具有非常明显的双重性人格，做事隐蔽性极强。该嫌疑人在白银市区有独居条件，还与内蒙古包头市有一定的联系。”与此同时，嫌疑人的画像出现在白银大街小巷以及电线杆上，白银公司电视台循环播报着征集凶手线索的简讯。

谈起公众对警方 28 年案件未破的质疑时，郝玉新强调，那时候，谁也没有想到凶手高承勇是独狼式流窜作案。高承勇的作案动机不突出，又由于他本身没有前科，没有固定职业，很早就在各地流窜，具有一定反侦查的意识和技能，给破案带来了极大的难度。再者，高承勇没有同伙，从来都是单打独干。他往往是到一个地方以后，先小心翼翼地踩点，踩完点后作案，一旦作案得手后，便迅速撤离现场，消失到人群之外。

事后，郝玉新等人总结，破案需要创新破案手段，如果一味凭着老经验、老办法对付高承勇这样的惯犯，已经难于奏效，警方特别需要提高利用高科技手段侦查破案的技能，同时发动广大群众群防群治，那样才能让犯罪分子举步维艰，动辄入套，才能有效地防止和制止刑事犯罪。

高承勇是个难对付的对手，犯下诸多杀人、抢劫、强奸罪之后，他已成为一个地地道道的职业犯罪者。作案时，他是一个凶狠的恶魔，逃跑后，他又把自己混迹于人群之中，以一个普通群众的面目出现在公众面前，具有极强的隐蔽性和欺骗性。

另外，高承勇能屡次逃脱，也与白银那个年代的社会状况以及警方的办案条件紧密相连。20 世纪 90 年代，西部地区的街道上没有监控探头，案发前后也没有目击者和间接证人。虽然历次罪案现场都留下了高承勇数量不等的血迹、精液、指纹、足印等身体特征线索，但行政区划的分割，使得白银当地警方未能详尽调查来自仅 20 公里外的青城镇的流动人口，而警方最初的侦查大方向与罪犯本人表现特征的不符，也是重要原因。

郝玉新一直惋惜那个年代没有 DNA 检测技术，白银市公安局的 DNA 实验室是 2016 年在公安部刑侦局的帮助下建起来的。DNA 实验室要求条件很高，空间需要封闭、无菌、恒温，在 20 世纪 90 年代末期，白银市公安局达不到那样的技术水平。

据白银地方志记载，整个 20 世纪 90 年代的白银社会治安状况非常糟糕。从 1991 到 2005 年，全市公安机关立案的刑事案件达到了2.827万起，平均每年1885起，平均破案率不过58.65%，且呈逐年下降的趋势。在高承勇猖狂作案的90年代中后期，白银市已出现了规模不小的贩毒、破坏电力设备和大规模盗窃案，以至于公安机关几乎在每年春、冬两季都要进行一波“严打”专项行动。就在高承勇犯下“98·11·30”命案之前20天，白银汽车运输公司经理蔡某（正县级干部）在水川路的家中被两名意图谋财的本公司职工子弟灭门，酿成白银建市以来影响最大的命案之一。1999年9月17日，白银公司三冶炼厂职工张某全家被来自兰州的两名无业人员持枪抢劫后杀害，最终历时3年方告破获，难度可见一斑。

从2000年开始，全市刑事案件的年均立案数甚至突破了2800起大关，以至于将警力增加到197人（不含交警、消防）依然不敷使用。此外，由于时代的局限性，20世纪90年代办案，一般都采取大规模调查走访、排查摸底等手段，实际效果并不理想，对破案没有突破性的推动。尽管白银公安机关不辞辛劳，进行了10万人级规模的指纹搜集和大规模入户排查，但除去收获了若干捕风捉影的疑似线索之外，并未有大的突破，真正的凶手高承勇依旧隐身在排查范围之外。

2018年3月31日，笔者采访了白银区看守所副所长陈声波，他也是当年的专案组成员之一。陈声波认为，高承勇属于“灯下黑”的犯罪类型，这样的人就是真的站在你眼前，你也未必能知道他，他隐藏得比较深，没有前科，和被害者不熟悉，没有矛盾冲突，独狼式作案，干完就跑。形势稳定了，再跑回来。行踪不定，反侦查能力很强。这样的罪犯，最难抓。

同河南杨新海案（杀65人，重伤5人，强奸23人）一样，高承勇属于流窜式作案。从2000年到2003年，杨新海在安徽、河南、山东、河北四省交界处高频率作案，但在每起案件结束后立即流窜到邻近城市或省份，从而使诸多孤立的线索和物证无法串联起来，直到皖豫鲁冀四省警方在公安部组织下联合办案，才将嫌疑人捉拿归案。

本案中，高承勇也直接利用了地理区隔造成的办案模式的局部性。因为白银和青城之间的地理行政区隔，高承勇杀害被害者之后仅需藏匿到一小时车程之外的青城镇，便可脱离白银警方的排查范围。

要不是科技进步带来的 DNA 检验技术以及全国联网的公安数据库，高承勇或许还将在旋涡中心的白银市继续藏匿下去。侦查手段的落后、刑侦技术的局限性、破案方向的偏颇、案情的独特和复杂性等种种因素，使得这个案子一拖就是 28 年，整个社会为此付出了巨大的代价和成本。

高承勇乘坐公交车，甚至骑自行车，买刀具和绳索所付出的成本仅仅是两碗羊杂汤的价格。而将高承勇锁定，逮捕归案，却需要各级公安机关，几代民警，近千人，将近 30 年的时光！

五、肯定没有错，就是他

28 年中，郝玉新曾在脑海中无数遍模拟凶手是如何出现在现场又如何离开的。从现场侦查的情况、周边居民的反馈、高承勇最终的供述等方方面面来看，有时他是尾随进门，有时是推门看有没有人，人多就走了，他应该是穿深色衣服，可能换了，可能没换，血染了就像墨汁一样看不出来。

郝玉新的看法和白银区看守所副所长陈声波一样，他直觉凶手应该是一个人群里的“好人”，一个嗜血的猎手、独狼，为了掩盖罪行，或许他表面上会是一个很好的人，他应该兼具双重人格和性变态心理。

听说人被抓住之后，郝玉新特别开心，很想看一下这个杀人狂是什么样。出差回来后，他特意跑过去看了下这个他和办案民警苦苦追逐、抓捕了近30年的犯罪分子。

到了审讯室后，郝玉新看高承勇的第一眼，就兴奋得要跳起来，不错，肯定没有错，就是他，这就是郝玉新心里想的罪犯，就是他这样的人，比较隐蔽，不显山不露水，隐藏得很深。沉默里透露着一股狠劲，城府很深。做了30多年刑警，郝玉新没有见过这样冷血的罪犯。跟那些想着法子抵赖、逃避、抗拒审讯的犯人不一样的是，高承勇像背书一样，交代了自己的所有罪行。

有些报道提到本案说是高承勇在白银犯下9起案子，包头2起案子。实际上，他在白银有10起。内蒙古同期有6起案子，但是有条件并案的是1起，他自己招供的也只有1起。

尽管离第一起案子过去将近30年了，但是对每起案子，高承勇都记得很清楚，甚至能够具体到几点几分。刚开始，警方怀疑高承勇有谋杀日记，但是在他家里没有搜出来，民警判断他应该是平常一个人待着的时候，会在脑海里反复地咀嚼回想每一起案子带给他的快感。

在郝玉新看来，抓到高承勇和抓到一名普通的罪犯本质上并没有什么区别，感觉都是一样的，这都是当警察的职责，尽管他杀的人多，作案的时间长，潜逃的时间也长，但他也只是一个犯罪分子而已。警察的天职就是打击犯罪保护人民，高承勇落网了，是件值得欢欣鼓舞的事，可是郝玉新心里仍然感到无限的遗憾和愧疚，高承勇杀了11个人后才被抓住，11条鲜活的生命死在他手下，作为一名人民警察，他感到愧对那11条无辜的冤魂。

郝玉新说，成功抓捕高承勇令每个民警都放下了巨大的压力，但是这只是完成了办案长征中的一场突围战，而对犯罪嫌疑人的讯问，则是另外一场更为激烈的战斗。讯问是一门特殊的学问，是民警与犯罪嫌疑人之间的一场心理与智慧的交锋。

在2017年1月，甘肃省厅成立了一个大案组，继续加强对高承勇的审讯工作，省厅领导指示，除了调查核实清楚他犯下的11起罪行之外，还要深挖余罪，看是否还有他没有交代，或者警方没有发现的案子。

从2017年1月11日到23日，将近半个月的时间里，郝玉新和民警李冰等人同高承勇进行了一次又一次激烈的心理较量。

在被捕初期，包括审判前期，高承勇一直不曾认罪，而且极其嚣张，藐视公安人员和检察人员以及法官。他甚至自以为是，觉得自己作案这些年，公检法人员都没有抓住他，说明他很了不起。对高承勇的这种态度，郝玉新给予了严厉的打击和批评，并给他讲法律，讲政策，谈人性。

初次审讯时，郝玉新决定从感情角度入手，先打掉高承勇的嚣张气焰。某天，他专门和高承勇做了一次深刻的谈话。

郝玉新对高承勇说："我们俩谈一谈怎样避免犯罪的问题。你是个做父亲的人，你有两个孩子；被你杀害的那些人，他们中的一些人也有孩子。你是否想过，你的犯罪，使你的孩子，还有他们的孩子，都会受到什么影响？我们讨论犯罪的问题，就是为了避免再出现你这样的人，使我们的下一代不要再受到伤害。我们把你的犯罪根源挖清楚。你不要以为自己了不起，你一个专门杀害娃娃和妇女的凶犯，没有资格和警方谈条件、摆谱。你28年没有落网，不是你高承勇有多高明，只能说明你运气好，上苍可怜你的妻子和两个孩子，让你苟活到现在。不要认为自己有多厉害，要真厉害，去干点儿正事，发家致富，回报社会和国家，杀害娃娃和妇女，算什么男人，有什么值得牛的？老实交代罪行，如实供述，认真悔罪，给你的娃娃和妻子，给社会，给被害者家属留点儿好印象，给你自己积点儿德，这才是你应该做的事。”在郝玉新义正辞严的批评和指责中，狂妄的高承勇低下了罪恶的头颅。高承勇私心很重，虽然他穷凶极恶，血腥冷酷，但是他特别在意自己的两个儿子。

郝玉新的话，正中他的软肋。好好交代问题，不影响两个儿子，不让大家唾骂他的家人，不让案子影响他的家人，是高承勇最看重的一点。

对于作案原因及成长中的打击或者遭遇，审讯中，高承勇一直持否认态度，他说自己什么特殊经历也没有遭遇过，之所以会犯下杀人强奸、分尸等罪行，只是觉得心里堵得慌，想要那样干。

警方侦查发现，作案之前，他的准备活动做得十分充分、细致，作案之后销毁证据的手段也很高明。高承勇并没有特定的目标，都是随机选的，合适的就尾随进去，看得上就奸，看不上就杀掉。有时候也会跟丢人，或者没有找到好的作案时机放弃行动。他作案的过程和目的很随意，他的奸和杀是分开的——有时候，只是想杀一个人，并不想强奸；有时候，又想杀人，又想强奸；有时候，除了杀人、强奸之外，还想割人家的器官。总之，他是个反复无常的人，不能用固定的思维来看他。

最终，警方定性高承勇为故意杀人，因为他是有预谋的，有犯罪准备阶段：第一，晚上睡不着觉，第二天起来买把刀就要杀人去。第二，他故意穿深色的衣服。命案现场进去以后，满屋子都是血，反抗过程中，他身上肯定有血。高承勇交代，他每次穿条黑裤子，藏蓝色或者深色上衣，那种颜色的衣服血沾在上面不太显眼。作案时，刻意更换衣服，掩藏血迹这个事，在白银区看守所民警吴育祥那里也得到了印证，高承勇对他也曾经如此说过。

六、世界上那些臭名昭著的连环杀手

回头来看，高承勇杀害这些女被害人的手法和世界上一些臭名昭著的连环杀手很像。比如，艾德蒙·其普、理查德·拉米雷斯、阿尔·德萨尔、阿瑟·肖克罗斯、鲍比·乔等人。这几个人杀害的被害者普遍都在 9 到 13 人，他们的作案手法也高度雷同，都是开车或者徒步或者骑车闲逛，四处寻找目标，找到未锁的门或者窗户就闯进去。

其中，德萨尔的手法和高承勇如出一辙，他总是随意敲门，直到找到中意的被害者；鲍比·乔则是以推销或者租房的名义胡乱打电话，如果女人接了电话，他就认为女人孤身一人在家，便会找到家里，如果看到被害者家里没有其他人，他就开始犯罪。

理查德·拉米雷斯也是如此，他一旦发现门开着，就会进去侵犯被害者，这几个人对被害者都有强奸或者肢解的行为，也有割掉被害者生殖器和乳房的现象，被害者通常也是被勒死、刺死或捅死。

彼得·福伦斯基在他的《理智向左疯狂向右》这本书里说，连环杀手一旦杀死第一个被害者，就进入了一个复杂的循环，好像上瘾一样，让他一次次杀人，他们的杀人模式取决于有组织还是无组织之间，以及是否在每次作案中都留有独特的痕迹。每一件连环谋杀都是动态的过程，每件凶案中都有介于有组织和无组织杀手之间的行为。

犯罪学专家乔尔·诺里斯说，到了最终阶段，没有任何事物可以阻止连环杀手想杀人的冲动，无论是刑罚、死亡、道德、宗教或者禁忌，这一切对连环杀手都没有意义，人命也如此，连环杀手几乎挑战了人类的定义。

连环杀手被一种生物学的引擎所驱动，为了满足欲望而不择手段，杀戮的仪式和生存机制相结合，将谋杀转为一种化学刺激的产物，并陶醉其中。他们明确知道自己的行为，并能用心理学的观点审视自己，但是，无论怎样挣扎和压制，还是一次次地犯下谋杀罪行。

现在，我们从高承勇 11 起凶案的作案过程和手段来看，他非常符合彼得·福伦斯基和乔尔·诺里斯的这些理论。不知道高承勇是否看过或者了解过这些连环杀手的书籍，还是在潜意识里，不论国界和人种，所有的连环杀手都有共性，这些就有待专家去解读了。

七、警界“神笔马良”助力白银案

为了报道白银案，笔者曾于 2016 年 12 月和 2017 年 3 月两次赴上海采访公安部首批刑侦专家张欣，通过这两次采访，笔者和他成了无话不说的忘年交。

张欣是个热心肠，他见不得别人受难，更是欣赏认真工作的人，知道笔者在做一个重大选题的报道，需要采访当年和他一起被评为“公安部刑侦专家”的战友们，他很热情地引荐

笔者与刑侦专家王清举的合影

笔者认识其他专家，在他的帮助下，笔者顺利地采访到了王清举、崔道植、徐利民这三位专家，成功地完成了采访任务。

2002 年 3 月，青海省西宁市发生了一起系列杀人案，因为有现场目击者在，青海警方想到了张欣。他们希望借助张欣找出犯罪嫌疑人。张欣至今仍然记得很清楚，他是 3 月 4 日到的西宁，在那里工作了不到四天就把画像弄完了。

依靠张欣提供的画像，青海警方迅速锁定了犯罪嫌疑人。而就在张欣准备离开西宁时，甘肃警方来到了西宁，找到了张欣，希望他能为白银的这起系列案件画像。

此时，已经是 2002 年 3 月初，在过去的十几年里，白银市已经连续发生了 10 起强奸杀人案，凶手迟迟没有落网，当地人心惶惶。

时隔多年，张欣对当初参与白银案的情景仍然记忆犹新。他是 3 月 9 日下午去的白银。当地警方告诉张欣，在 2001 年的春节期间，一个下夜班的女工回家时，后面悄悄尾随了一名男子。当她开门进屋以后，这名男子顺势就把她推进屋里。因为当时白银一直在传言有杀人恶魔，所以这个女工警惕性很高，怀疑尾随自己的就是那个坏人。她反应相当敏捷，一转身，猛一用力，就把这个男人推出门外，然后，死死关好房门，躲在屋子里喘粗气，她害怕极了。侥幸逃脱的这个女工透过窗口发现，那个男人并没有离去，他透过窗子盯着她，冲着她笑，她赶紧打电话给在附近的丈夫求救。丈夫回家之后，夫妻俩再次发现那个男子的头部在窗口出现，他还在笑。恐惧之余，夫妻俩迅速拨电话报警。警察几分钟内就赶到了现场，了解案情以后，出警民警发现，在来的路上，自己正好碰到了那个男人。遗憾的是，大家找了将近一天的时间，没有任何发现。后来警方出动了大量警力对案发周边进行了拉网式的排查，仍旧没能再次发现犯罪嫌疑人的行踪。

张欣根据这几个目击者的讲述，最后画出3张画像，这3张画像就是现在被各媒体刊登的那3张画像。当时，张欣只给自己的这组画像打了6分，因为毕竟那么长时间了。时间越久，画得越不像，目击者的记忆会随着时间的流逝变得混沌和暗淡，像与不像，只有目击者能判断，画像也只是帮着侦查、缩小范围的手段。

尽管只有六七成把握，但对于白银警方而言，这3张模拟画像仍旧是当时有关犯罪嫌疑人最为直接的线索。

接下来的几年中，警方在白银开展了大量的工作，付出了

工作中的张欣总是那么认真，一丝不苟

极大的努力，并对白银市数十万男性进行了排查筛选工作，这样的办案量在我国刑侦史上都极为罕见。追凶 28 年，白银市公安局换了 8 任局长，人工对比了至少 10 万枚指纹，包括乌国庆、张欣在内的公安部八大刑侦专家全部亲临白银坐镇指导侦破工作，这在中国刑侦史上同样是绝无仅有的。

张欣对笔者表示，公道地说，这么多年来，对白银这个案子，每个参与办案的民警都是耿耿于怀、竭尽全力的。案发后，白银警方为了这个案子，费尽心力。白银市公安部门调集警力，对首案案发地原始范围内所有 15 岁至 30 岁的男性及“94 · 7 · 27”案件案发地白银市供电局原始生活区域内的所有男性，白银区有前科、流氓劣迹的人员逐一进行了摸底审查，警方人工对比了 12 万枚指纹，请了上百位刑侦专家，前后约 250 名干警参与了此案侦查。这个办案规模和力度在白银也是空前的。

在张欣看来，白银案有其特殊的时代背景，20 世纪 80 年代末 90 年代初，发生的命案多是侵财、情杀和仇杀，连环凶杀案极少发生。再者，犯罪嫌疑人和被害人之间也完全没有关系和矛盾冲突，调查工作困难。犯罪嫌疑人完全是随机作案，采取尾随作案方式，在室内杀人分尸，均没有现场目击者。也就是说，侦查员面对的是一个不特定的对象，面对的是白银所有的男性。这个案子的困难程度，是可想而知的。

警方后来在审讯中得知，高承勇很狡猾，警方在白银排查嫌疑人时他在青城，警方将青城纳入排查范围了，他又跑到了兰州、内蒙古打工。高承勇户籍所在的兰州农村，因为排查对象太多，排查难度大，起初并没有录入他的指纹。再后来，因为害怕被采集指纹，高承勇干脆跑到外地避开了所有的指纹采集。再者，高承勇之前没有案底，警方从他的档案中查不出任何有效信息来。

张欣强调，白银案的破获最终靠的是现代科技，凶犯高承勇要是放到现在，是逃不了这么多年的。对破案来说，技术手段和科技手段太重要了，那个年代由于技术不发达，侦查员只能用笨办法，走访、调查、摸排。尽管最后通过努力，警方获得了一些证据和线索，但就是破不了案。因为所有的证据，都是个体与证据之间的单向连接，只要犯罪分子没有进入警方的视野，这个单向连接就无法实现。

张欣说："每个时代的案子都有技术上的局限性。用现在的技术手段和设备去看过去的案子，不客观也不公平。现在各

笔者和刑侦专家张欣的合影

地警方上马的‘天网工程’将监控摄像头普及到了大街小巷，犯罪分子根本无处隐身，加之大数据时代的来临，各地公安机关破案信息全面联网，DNA 新科技手段、新指纹鉴定技术普遍应用，大大缩小了警方的侦查范围和时间，能够快速锁定犯罪嫌疑人，对案件的侦破起到了至关重要的作用。”

谈到 2002 年后高承勇逐渐停手的原因，张欣说：“听甘肃同行讲，高承勇被抓后，自己坦白，收手主要有三个原因：第一是自己的身体已经不行了，性需求没有那么强烈，身体状况也不好了，岁数大了，控制被害者已经很吃力；第二是两个孩子上学要用钱，2002 年到 2013 年间，他大部分时间在兰州和内蒙古打工；第三是 2002 年左右，白银警方开始大规模采集指纹。”

针对有人谣传高承勇是精神病一事，张欣认为，高承勇绝对不是精神病，从他的行为和心理上判断，他就是一个性变态杀人狂，之所以犯下连环杀人案，完全是为了从这个过程里获得心理的愉悦和性的满足。这样的性变态分子，除了性行为变态之外，在日常生活中的表现基本是正常的，他的情感、理智、智能等方面都没有大的偏差。所以，高承勇杀完人之后，可以若无其事地跳舞、打牌、打工，没有负罪感，没有忏悔意识。

八、张国孝的遗愿

采访中，郝玉新不止一次提到了他的同事也是他的老领导张国孝。

郝玉新说，张国孝对这个案子的执着，无人能比，至死未曾放弃。那些年，张国孝不光要在本地调查，还跑过河南、内蒙古等地，只要听说哪里有类似案子，他就会过去看看能不能并上案。公安部、省公安厅也一直挺重视这事，年年调研，张国孝经常接到一个电话就走很多天。遗憾的是，张国孝没有目睹此案的告破。

从1988年“小白鞋”被害的第一起案件开始，张国孝就参与了白银连环杀人案每一起案件的侦查。

1988年，案发时，张国孝的职务为白银市公安局白银分局刑侦队副队长，2009年因癌症去世，去世时，他的职务是白银市公安局副局长。

2016年8月26日，案子破获之后，张国孝的老伴王福芬的手机快要被打爆了。都是跟她报告好消息的人，大家都一致叮嘱她，一定要将胜利的好消息告诉老张。王福芬说老伴张国孝的遗像就挂在家里的墙上。得到案子破获的消息之后，王福芬给老伴点上几炷香，将这个消息告诉了他。

在接受媒体记者采访时，王福芬说：“张国孝生前经常说的就是‘你说这个案子怪不怪？他到底是怎么想的？’”

张国孝破案破得简直走火入魔了，心里就只惦记案子，就连2005年年底女儿结婚，张国孝都一直在忙于办案，东跑西找，直到婚礼要举办的前一天晚上才赶回家，第二天中午匆匆参加完女儿的婚礼，就又去单位研究案情了。不管什么时候，只要接到有关白银案的任何相关线索，张国孝就会白天黑夜围着案子连轴转。有一次张国孝连着几天没回家，老伴王福芬担心张国孝的身体吃不消，就说去给他送衣服，借机会去看望一下他。王福芬看到他办公室桌上摆着五部电话，铃声响个不停，他不断地接电话。

据王福芬讲，1989 年 11 月的一个晚上，正忙着侦破“小白鞋”案，几天几夜没有回家的张国孝，突然满身是土地回家了。他整个人明显消瘦，精神萎靡。王福芬见状赶紧给他做了一碗臊子面。张国孝一句话也没有说，埋头就大吃起来，吃到一半，他突然抬头没头没脑地说了一句：“我一定要抓到他！”

当天夜里 11 点多，张国孝突然从梦中醒来，挺身而坐，喊着：“就是他，凶手就是他！”当时，可把王福芬吓坏了。

2006 年，张国孝不幸查出肺癌，在组织的强硬命令下，才住进医院。住院期间，他成宿成宿地咳嗽，像是要把肺活活咳出来，每次有同事来看望，他都要追问案子的进展。到 2009 年的时候，张国孝的病情更加严重了，他自感时日无多，经常靠在病床上向老伴王福芬交代身后事。即便是在生命的最后关头，老警察张国孝交代的仍然是他未了的案子，这是他生命尽头最重要的牵挂。

最后的那些日子里，只要有谁谈起白银案，张国孝就不断摇头叹气，甚至哭出声来。“我知道他心里难受，觉得自己活着的时候是不能破案了。他说这辈子最大的遗憾就是看不到凶手被绳之以法。”

为了方便接收破案信息，从 1988 年起，张国孝的手机号码就作为线索征集热线向全国公布，自此，这个号码世人皆知，总有人不分昼夜打进电话来。张国孝每次睡觉都把手机放在枕头边，以防遗漏任何一条线索。“电话铃一响，他噌地就坐起来，一边接电话一边拿笔记录，如果遇到紧急情况，他撂下电话穿上衣服就走。”

张国孝走了之后，按照习俗，他的一些东西被孩子们拿走处理掉了，但是，老伴王福芬特意要求留下了这部电话，张国孝在世的时候，王福芬曾经对张国孝的这部电话怀有一些“恨意”，但如今，她却用心地保留着这部电话，使用起这个号码。

张国孝走了之后，这部电话成为王福芬心里的一个念想，电话在，老伴就在，他们的那些日子就在。

第三章　正义的审判

一、心结

“白银案是白银市司法工作人员长久以来的心结。作为一名关注此案多年的检察官，案件终于破了，心里也舒服了，算是对白银人民有了个交代，许多受此案影响的人们也可解开心结，开始新生活了。”2017 年 6 月 5 日，甘肃省白银市检察院副检察长、白银案第一公诉人王护民对笔者说道。

“被告人高承勇犯罪后果极其严重，他的行为不仅仅致使 11 名年轻女性失去了生命，也给被害人的家庭带来了无尽的灾难。这些被害人的家庭，大都是生活在社会基层的普通人家，高承勇的行为致使被害人家庭遭受灭顶之灾，有的被害人父母含恨而终，有的抑郁成疾，精神崩溃，有的家庭，失去妻子的男人只能带着幼小的孩子，艰难度日，而失去母亲的孩子身心也饱受刺激，几十年来，一直生活在丧母之痛的阴影之中，心灵上的创伤永远也难以弥合。高承勇的罪恶行径一度使得白银市区内的年轻女性晚上不敢独自出门，到工厂上班需要家人接送，中学生的晚自习都被迫中断了，严重影响了社会的和谐稳定，对白银本地的公共秩序造成了极大的破坏。高承勇的社会危害性极其深远，他的行为给社会带来的巨大负面影响，至今未曾消除。高承勇犯罪手段极其残忍，犯罪性质极其恶劣，社会危害极其巨大，犯罪后果极其严重。”白银市检察院公诉意见书中的这段文字足以看出本案对白银人民的影响。

2017 年 3 月底，笔者前往白银采访时，白银案已由白银市人民检察院向白银市中级法院提起公诉，正处于庭审准备阶段。对高承勇一案，白银市检察院高度重视。该院党组书记、检察长丁霞敏多次召开专门会议就此案批捕和公诉工作作了细致布置与指导。丁霞敏检察长要求，要把这个世人瞩目的案件办成铁案，以最高的标准来办理这个案件，经得起时间和历史的检验。

该院指定由副检察长王护民带队，先后抽调院里 10 余名检察官成立专案组，办理此案公诉工作。由于案件时间跨度长、被害人众多、案情复杂，而且社会影响重大，案件移送审查起诉后，白银市检察院专案组办案人员认真负责，积极引导公安机关调查取证，及时收集和固定证据，对不完整的或有瑕疵的证据，退回侦查，指导公安机关补充夯实。

白银案跨时十余年，存在两部刑法（1979 年刑法和 1997 年刑法）的适用问题，为解决这一问题，白银市检察院办案人员仔细认真研究两部刑法相关罪名的规定，多次听取相关部门的意见。例如，1979 年刑法规定，公检法机关采取强制措施后，犯罪嫌疑人逃避侦查或审判的，不受追诉期限的限制；而 1997 年刑法修改了这一条，规定为公检法机关立案侦查或法院受理案件后，逃避侦查或审判的，不受追诉期限的限制。虽然高承勇部分犯罪行为实施在 1997 年以前，但最后一次犯案在 2002 年，又根据两部刑法都有的多次犯罪追诉时效从后一次犯罪时重新计算的规定，应该适用 1997 年刑法的规定，即其全部犯罪行为不受追诉时限的限制。

同时，鉴于高承勇在犯罪过程中有暴露、猥亵、毁损等损害尸体和伤害相关人员感情的行为，白银市检察院几次开会研究后，在公安部门认定的故意杀人罪、强奸罪和抢劫罪三项罪名的基础上，再增加一项侮辱尸体罪。

此外，为了保障被害人亲属的权益，白银市检察院在办案期间，把能找到的被害人亲属都找到了，逐一见面，听取他们的意见，确保他们的合法权益。有的被害人亲属仍然受到案件的负面影响，白银市检察院便安排对其进行心理疏导，还专门向白银市法律援助中心发函，通知为被害人家属委托诉讼代理人，确保被害人亲属获得专业的法律帮助。

在正式开庭之前，最主要的工作就是全力做好白银案开庭准备工作。考虑到部分被害人亲属的情绪不稳定，还要给他们做一些疏导工作。开庭准备工作包括制作开庭时的法律文书“三纲一书”，即《讯问提纲》《举证、答辩提纲》《质证提纲》和《公诉意见书》。由于白银案发案时间久远、涉案人员众多，相关文书中一些与案件有关的细节，需要反复确认。这种细节很重要，不同情形涉及的罪名不一样，每一个情况都要认真界定、反复讨论，每一个事实，都要有坚实的证据作支撑。

高承勇一案，不仅白银市检察院高度重视，最高人民检察院和甘肃省检察院也非常重视。白银市检察院也以多种形式向甘肃省检察院汇报此案的办理情况。

政宣科负责人高岳山介绍，自司法体制改革以来，白银市检察院严格落实进入员额检察官的院、处领导办案规定，要求入额院领导、处长不仅要办案，而且还要带头办理重大疑难复杂案件，并且规定了办案数量。此次，该院副检察长王护民带队办理高承勇一案，就是落实此项规定的具体表现。

初次见到高承勇，就给王护民留下了很深的印象。高承勇身材高大健壮，面相憨厚老实，不苟言笑，神情也较为温和，与想象中的“凶暴”“狂躁”“自闭”，甚至有些“变态”的连环杀手的形象差别很大。光看外表，谁也不会将他与一个连环杀手联系到一起，这可能也是高承勇能隐匿多年不被发现的

笔者采访白银案第一公诉人王护民

原因之一。

几次提审下来，王护民发现，高承勇的心理素质非常好，具有极强的反侦查能力，能有效把控自己的行为，低调隐秘地生活。提审时，高承勇表现出来的冷漠和淡定，令检察官感到意外和吃惊。他对自己的罪行供认不讳，每一起案子都记得非常清晰，作案时间、地点、过程，作案之前的准备和作案之后的逃跑路线，说得清楚明白，而且讲述的过程中没有一丝情绪的波澜，也未曾表达悔过之心。当检察官这么多年，王护民从没遇到过哪个犯罪嫌疑人能像他这样，如此谈论自己如何杀人、逃跑、隐匿，冷静得像在讲述别人的故事。

为了探究高承勇的犯罪动因和性格特点，白银市检察院曾经专门组织了一次针对他心理状况的提审。提审高承勇的过程很艰难，除个别时候他能主动配合外，大多时候很不配合，需要做大量工作。

提审中，高承勇特意叮嘱检察院，不要让媒体打扰他的家人，在报道中不要出现他家人的名字。尽管高承勇表现出惦念照顾自己家人的情绪，但是，他未曾当着检察官的面表露对被害人及其家属的歉意。

二、庭审开始了

2017 年 7 月 18 日至 19 日，由白银市检察院依法提起公诉的高承勇故意杀人、强奸、抢劫、侮辱尸体案在白银市白银区法院第一法庭依法不公开开庭审理。

市检察院党组副书记、副检察长王护民，公诉处副处长李向文和干警贾桐担任公诉人出庭支持公诉。被告人及其辩护人、刑事附带民事诉讼原告人及其法定代理人、诉讼代理人等到庭参加了诉讼。

因本案涉及个人隐私和未成年人，依照《中华人民共和国刑事诉讼法》第一百八十三条第一款之规定，不公开开庭审理。

白银市中级法院对外通知的开庭时间是上午 9 时，但早晨 7 时许，部分被害人家属就及早赶到法院门口等待开庭。因市中院门前正在修路，此次庭审地点改在白银市白银区法院进行。现场除了家属之外，还有一些关注该案的市民也聚集在法院门口探听消息。

2017 年 7 月 18 日早晨 7 点 55 分，押解高承勇的警车驶进白银区人民法院的大院

18 日早晨 7 时 55 分，一阵急促的警笛声由远而近，三辆警车依次驶入白银市白银区法院大院，随后，警车从地下车库直接开进法院大楼内部。

上午 9 时，合议庭 3 位法官在法庭落座，诸位公诉人与辩护律师、民事律师也依次入庭。

该案的审判长是白银中院负责刑事审判的副院长赵永奇，公诉人是白银市检察院负责公诉的副检察长王护民。

甘肃省白银市检察院起诉指控：1988 年 5 月至 2002 年 2 月间，被告人高承勇以谋取钱财、强奸妇女、满足变态心理为目的，在甘肃省白银市、内蒙古自治区包头市采取尾随女性和入室作案等方式，实施故意杀人、强奸、抢劫及侮辱尸体罪，共致 11 名女性被害人死亡（甘肃省白银市白银区 10 起、内蒙古自治区包头市昆都仑区 1 起）。

检察机关指控认为，被告人高承勇故意非法剥夺他人生命，以暴力手段强奸妇女、劫取财物、侮辱及故意毁坏尸体，其行为分别触犯了《中华人民共和国刑法》第二百三十二条、第二百三十六条、第二百六十九条、第三百零二条之规定，应当以故意杀人罪、强奸罪、抢劫罪及侮辱尸体罪追究其刑事责任。被告人高承勇一人犯数罪，根据《中华人民共和国刑法》第六十九条之规定，应数罪并罚，严肃惩处。

中午 11 时 30 分，陆续有民事代理律师走出法庭，但他们大都拒绝了蹲守在法庭门外的媒体的采访。有一位陈律师透露，庭审中被告人高承勇很平静，没有向被害人家属道歉。

该律师透露，11 个家庭中，申请民事赔偿数额最多的一家人，索赔数额超过了 1000 万元。此外，索赔金额最少的是

57万元，比较普遍的数额多是在100多万元。担任民事诉讼的律师们也都提前告知被害者家属，鉴于高承勇的经济状况，他根本无力承担如此多的赔偿，被害者家属可以申请国家法律救助款，但是，成功与否，能申请到多少，目前还不好说，因为现在还没有到处理民事索赔的阶段。

该律师告诉笔者，他代理的案件被害人家属提出民事赔偿57万余元，其中包括丧葬费、死亡赔偿金、精神损失费等。

被害人崔娜娜的弟弟崔向平对采访他的记者说："被害人家属们都很清楚，这个赔偿估计难以落地，高承勇没有资产，没有钱赔偿给家属，无论赔多少都不能弥补对家人的伤害。"

初审开庭的第一天中午，高承勇在法庭表现得理性、淡定。他积极认真地回答法官的问话，对每一起案件的细节和作案过程都毫无隐瞒和否认。对每起案件的细节，他的记忆仍然清晰而准确，有时候，他发觉自己声音太低了，就自己动手调整话筒。庭审开始后不久，他就主动提出，自己站累了，要坐一会儿。在很长的一段时间里，他直直地坐着，没有抬眼看旁听席上任何一位被害人家属，也没有对他们表示任何的歉意。

"他被指控的每一项犯罪事实情节和手段都很恶劣，在这部分我们没办法进行罪轻辩护。"高承勇的辩护律师朱爱军对媒体透露。

法庭上，高承勇对犯罪事实悉数认可，没有翻供。作为他的辩护人，朱爱军并没有对高承勇进行罪轻辩护。作为律师，朱爱军的工作主要是仔细核对检方提供的证据，比如甄别检方提供的证据与高承勇的供述是否可以相互印证，检方的证据之间是否可以相互印证等，进而确认高承勇在每一项犯罪事实中，具体行为构成哪几项犯罪。

因为庭审中高承勇的认罪态度比较好，庭审程序进行得很顺利。下午 5 时，第一天的审理顺利结束。

当天，白银市中级法院共审理了 11 起案件中的前 7 起。

下午 5 时 30 分，押送高承勇回看守所的警车再次鸣响警笛，驶出法院。警车前后，追逐奔跑着守候一整天的媒体，咔嚓咔嚓的拍照声，此起彼伏。

法院西门外，一名自称姓曾的先生表示，他自从本案发案时起，就一直关注着此案的进展。他说，年轻的时候，他曾经在牌场和舞厅里见过高承勇，对他印象很深刻，他和高承勇年龄相仿，两人只差一个月。

“这个高承勇，可把白银人折腾坏了，几十年不得安宁。”去年 8 月份，听说此案破了，曾先生高兴得睡不着觉，他一直在庭外站了一整天，滔滔不绝地跟媒体说着他所知道的与此案相关的事。

在法院西门外，站着一名穿着红黑相间长裙子的中年女

庭审实况

士，她告诉笔者，高承勇连环杀人案给她留下了很深的心理阴影，那种惶恐至今难忘，她曾经买过一件红色风衣，可是，刚穿了一天就听到了谣传，说有人专门杀穿红衣服的女子，回家之后她就脱了，再也没敢穿过。听说这个案件今天开庭审理了，特意过来听听消息。

“赶紧判了吧，判了，大家就彻底心安了。”

跟这位女士同行的那位戴白帽子的张女士，是被害人“小白鞋”的同学，她听说今天开审，也过来看看。不过来看看，总觉得心里不安宁，就想等个结果，亲眼看到高承勇被审判，也算是对同学的告慰。

当天，高承勇的妻子和儿子没有参加庭审，但是，他的堂哥、堂侄女来法庭了。有媒体认出了他们，两人坦承，他们是来探听消息的，也想找机会看看高承勇。

“其实我们也想不到，也没法儿面对这些被害人家属，不敢说话。他影响的不仅是我们整个家族，他的两个孩子也深受其害，其中一个还被单位辞退了。”高承勇的堂哥对采访他的媒体记者说。

“都想不通他怎么就成了这样一个人，他太内向了，可能是没法儿发泄内心的苦闷，最后就心理变态，做出了可怕的事。其实他以前在家的时候对我们都很好！”高承勇的堂侄女对这个同族叔叔为何做出这样的事，表示难以理解和相信。

高承勇的堂哥和堂侄女表示，他们理解被害者家属的愤怒和忧伤，不敢跟他们走得太近，也不敢暴露自己的身份，他们的神情怯懦而又凝重，躲在大门的一角，小心翼翼地、沉默地蹲坐着。

在法庭入口的台阶处，白银连环杀人案中的第4起案件的被害人邓小慧的外甥亚飞接受了笔者的采访。亚飞告诉笔者，他们家委托了律师代理此案的民事赔偿事宜。亚飞说，其实要求赔偿也只是一个形式，就算高承勇真的赔偿了，这个钱，放手里也不好花，钱再多也不如二姨活着。

现场另外几个被害人家属表示："这个案子最终尘埃落定是所有被害人家属唯一的期盼。"

第二天，7 月 19 日早晨 7 点 50 分，押送高承勇的警车迎着朝阳再次开进白银市白银区法院。跟前一天不一样的是，这一天在法院大门外蹲守的媒体并没有看到多少家属，据说，剩下的这 4 起案件的家属并没有到庭，倒是昨天审理的 7 起案件的部分被害人家属再次到来了，包括"小白鞋"的哥哥白龙及水川街邓小慧的妹妹邓女士和儿子。

9 点整，庭审工作正常进行，中午 11 点 30 分，法院大门口出现了 1988 年第一起案件——"小白鞋"的哥哥白龙的身影。他对守候在法院门外的媒体记者说，高承勇在今天庭审时曾和部分家属有过目光的对视，然后，又马上低下头，神情有些慌张和不自在。这是高承勇面对世人流露出来的少有的慌张，与往日他所保持的镇定和冷静完全不一样。

白龙告诉蹲守的记者："在妹妹的案子上，公诉方说高承勇砍了 26 刀，但高承勇的律师说是八九刀，因为除了刀砍，高承勇还用螺丝刀捅了'小白鞋'。"

庭审中，高承勇交代，他所有的作案刀具和尼龙绳都是当年在白银大市场上买的，作案后回家过黄河桥时，便随手将作案凶器和一些被他割下的人体器官扔进了黄河里。

提起妹妹"小白鞋"的遇害，白龙仍然难掩悲痛。"我父亲现在 79 岁了，昨天看到新闻说高承勇出庭受审了，情绪一直不稳定，也不怎么吃饭，平时会出去走走，这两天却闷在家里，寝食难安。我们家提出了一共 100 多万元的经济赔偿。这个赔偿实质上就是个由头，是对被害人家属的一个安抚，说心里话，我们对能拿到这个钱没有多少信心。”

对于法院即将对高承勇作出的一审判决结果，情绪愤慨、泪眼婆娑的邓女士则认为，就算审判结束马上对高承勇执行死刑，她和家人的心理创伤，也是永远弥补不了的。

笔者了解到，法院在整个庭审过程中，始终坚持以审判为中心的刑事诉讼制度有关规定，充分保障了被告人和各方诉讼参与人的诉讼权利。此次庭审中，合议庭严格按照《中华人民共和国刑事诉讼法》规定的法庭调查、法庭辩论、被告人最后陈述等法律程序进行庭审。在法庭调查阶段，检察机关就指控的犯罪事实，向被告人高承勇逐一作了法庭讯问，并出示宣读了物证、报案材料、户籍证明、证人证言、鉴定意见和现场勘验、检查、辨认笔录及被告人高承勇的供述与辩解等相关证据。被告人及其辩护人对公诉人所举证据作了当庭质证；在法庭辩论阶段，被告人高承勇及其辩护人依法进行了辩护，刑事附带民事诉讼原告人及其法定代理人、诉讼代理人就刑事附带民事诉讼部分发表了控诉意见和民事赔偿主张；在最后陈述阶段，被告人高承勇作了最后陈述。

下午 5 点 30 分，庭审结束。守候在法院西门的媒体记者再次看到了“小白鞋”哥哥白龙熟悉的身影。白龙走出法院西门，径直走向等候多时的媒体，他的脸上比前天多了一些轻松和欣慰。

白龙对记者们说：“庭审结束了，高承勇认罪了，在陈述中，他对着被害人家属鞠了三个躬，表示愿意捐献自己的器官，能赔多少赔多少。”

这时，媒体记者发现高承勇的辩护律师朱爱军走出法院西门，刚到停车场，还未来得及上车的他，就被记者们团团围住。

朱爱军透露，整个庭审结束后，此案进入合议庭合议，并提交审判委员会讨论后，择日宣判。

朱爱军也证实了“小白鞋”哥哥白龙的话。在庭审中，被告人高承勇向被害人家属三鞠躬表示道歉，亲口说了“对不起”，说愿捐献自己的身体器官，能赔偿多少算多少。

不过，朱爱军再次表示，高承勇顺利捐献器官的可能性不大，这是个非常复杂的事情。

2018 年 7 月 19 日下午 5 点 40 分，高承勇的辩护律师朱爱军结束庭审后接受记者采访

三、公诉人：建议判处死刑

2017 年 7 月 19 日下午，白银案初审结束之后，20 日下午，笔者再次专访了该案公诉人、白银市检察院副检察长王护民，他讲述了庭审前后的一些细节与感受。

开庭前，白银市检察院公诉团队多次召开案件分析会，从案件事实认定、法律适用、出庭公诉等方面做了充分准备，有了扎实预案，并就开庭有关事项向甘肃省检察院作了多次专题汇报。甘肃省检察院公诉部门对“三纲一书”的制作等工作进行了细致指导。

庭审当天，甘肃省检察院公诉处派了两名处长前来指导出庭工作。白银市检察院检察长丁霞敏多次组织召开专门会议，就开庭工作作细致布置与指导。

在开庭前，根据刑事诉讼程序，白银案审判人员召开了一次庭前会议，召集了 11 名被害人家属及其诉讼代理人，沟通附带民事诉讼事宜，这次庭前会议，白银市检察院出庭公诉的几名检察官也参加了。

此外，白银市检察院公诉处也开了三次会议，进一步做好相关的出庭工作。按照相关要求，在庭审阶段，检察官要在有限时间内完成指控、举证、辩论等工作，这对公诉人素质提出极高的要求。由于该案历史久远、被害人众多、案情复杂，从 4 月 24 日提起公诉起，一直到开庭，白银市检察院忙碌准备了近 3 个月时间，仅案件审结报告就长达 120 余页、6 万余字，讯问提纲 80 余页、4 万余字，举证质证提纲 120 余页、6 万余字，PPT 近千张。

“证据会说话。”对于庭审结果，王护民很有信心。在法庭调查阶段，公诉人出示了证人证言、鉴定结论、勘查笔录、物证、书证、视听资料等在案证据，所有证据均来源合法，与案件具备关联性，经当庭质证，均具有证明能力，且各证据间能够相互印证，能够形成完整的证据链条，足以证明被告人高承勇的犯罪事实。

庭审调查阶段，公诉人采用多媒体示证系统进行示证，示证环环相扣、条块清晰；同时借助了谷歌地图、实景照片还原案发现场，细节再现被害人遇害过程，以直观生动的方式模拟还原案件全过程，整个过程缜密流畅。庭审时，负责此项工作的兰俊君当着高承勇、辩护律师、被害人家属的面，展示了以11起案件的主要论据材料制作而成的PPT，非常直观。

在王护民看来，正是因为前期细致、扎实、专业的工作，在两天的庭审中，被告人高承勇对公诉人指控的事实没有异议，对故意杀人罪、强奸罪、抢劫罪、侮辱尸体罪4项罪名全部认罪。

检察机关在依法惩治罪犯的同时，还要保障被告人的诉讼权利，这是检察机关参与刑事诉讼活动的基本原则。作为该案的公诉人，既要以惩凶除恶为己任，更要体现法治的精神。

在法庭辩论阶段，公诉人围绕辩护律师提出的辩护意见进行了答辩，充分发表了意见。公诉人扎实细致的工作和有理有据的辩论，也得到合议庭的认可。部分当天参加庭审的旁听人员向公诉人反馈说：“情、理、法交融的公诉意见，是本次庭审的亮点。”

在对被告人高承勇的讯问过程中，公诉人始终注意对其诉讼权利的尊重和保护，给他充分时间为自己辩解，同时，也不在讯问、质证中使用有情绪或者具有压制性、攻击性、强制性的语言。当然，公诉人在文明、理性、平和展示相关证据和阐述相关法规的同时，也对高承勇所犯罪行的残忍性以及对社会的危害性给予了谴责。

在7月19日下午的庭审中，公诉方建议法庭判处高承勇死刑立即执行。公诉方认为，从1988年至2002年，高承勇先后作案11起，从最初的入室盗窃转化为抢劫，直至后来将抢劫、强奸、故意杀人和侮辱尸体确定为犯罪目的，高承勇的犯罪动机从浅至深，十分卑劣。从被告人高承勇的履历可见，其辗转于打工、务农、经商之间，虽然收入不高，但足以养活家人，维持生计。

但从1988年犯下第一起案件至2002年犯下第11起案件的14年来，他始终将劫取财物列为犯罪目的之一，其具有非法占有他人财物的故意性，在检察机关起诉高承勇实施抢劫行为的案件中，均为入室抢劫，且有致被害人死亡的情节，虽未获得数额较大的财物，但已经犯下抢劫罪，并且情节恶劣，应当从重处罚。

一是为满足欲望而强奸被害人或奸淫被害人尸体。从11起案件的犯罪事实来看，高承勇从最初的猥亵、奸淫被害人尸体，到后来先强奸、后杀人，他主观恶性不断增加，犯罪手段日益残忍；从最初为满足好奇心而实施抠、摸被害人性器官，到后来为满足性欲而强奸被害人，甚至奸污幼女，尤其是在棉纺厂家属院一案中，被告人竟然当着年仅两岁幼儿的面奸杀其母亲，并且切割其身体器官，罪恶令人发指，应当依法以强奸罪从重处罚。

二是残戮同类，手段血腥，丧失人性。高承勇为了满足心理欲望而残忍破坏被害人尸体，甚至在被害人死亡后仍然奸污尸体，且将被害人乳头咬下吃掉。更恶劣的是，其将两名女性被害人的手、耳或阴道等多个器官割取，带走，把玩后抛弃，其罪行令人恐怖、恶心。如此残忍之行径，比动物还凶残，其行为严重侵犯死者安宁，扰乱社会公共秩序，带给被害人家属极大心理创伤，应当依法以侮辱尸体罪从重处罚。

三是视人命如草芥，以残忍方法杀死多名被害人。11 名被害人尸体之惨状，足以让办案多年的办案人员和法医触目惊心、夜不能寐，但高承勇却安之若素，可见其对于生命毫无敬畏之心，对同类毫无怜悯之意，反社会特性明显。从最开始经搏斗后杀死被害人，到后来以捆绑控制被害人，然后以割喉、捅刺重要器官等方式剥夺其生命，尤其是在凯宏楼一案中，高承勇捅刺被害人百余刀，几乎致其体无完肤，手段极其残忍；高承勇杀死多名被害人并非出于私怨，也非冲动所致，而是经过蓄谋的，其行为应当依法以故意杀人罪从重处罚。

公诉机关认为高承勇主观恶性极深，后果极其严重，应当处以极刑。被告人高承勇连续作案 14 年，造成 11 名女子死亡，其中还包括一名只有 8 岁的幼女，兼有抢劫、强奸及侮辱尸体等严重罪行，应当依法处以死刑立即执行。

一是判处其死刑立即执行是《刑法》惩治犯罪的题中应有之义。法律惩治犯罪的目的之一在于预防新的犯罪，被告人高承勇手段残忍，罪行深重，反人性、反社会性质明显，给被害人及其家属造成了永远无法挽回的伤害，严重破坏了社会尤其是白银地区的安定秩序，符合《刑法》规定判处死刑的要求，必须要依法判处最严重的刑罚以阻止此类恶性犯罪。

二是判处其死刑立即执行是法治正义的必然要求。法谚说

"正义可能迟到，但不会缺席"，从首次作案至今近30年来，被害人家属和社会各界无不期盼真凶落网、正义实现。当代法治的目的不是国家代表公民的同态复仇，而是为保障社会安定，守护人类良知，维护公平正义。高承勇肆意剥夺他人生命之时，就决然拒绝了法律对其本人权益之保障，根据高承勇罪行导致的严重后果，我们认为对其确有一次性永久隔绝社会之必要。

三是判处其死刑立即执行是保障人权的真正含义。在当代刑事诉讼中，国家享有司法权故而给予处于弱势地位的被告人以多种权利保障，但保障人权的含义往往只重视被告人的人权，却将被害人及其家属摒弃在外。当今社会每个人都在强调人权，关注跳广场舞的权利甚至流浪狗的权利，但在本案中，大多数被害人正值青春年华，有的尚在幼年，她们的一生早已悲惨结束，对被害人家属而言，亲人的惨状和对她们的思念将伴随一生，他们的权利更值得关注，执法机关有义务公正履行法律职责，让被害人家属稍获安宁，让已经含恨死去的人得以慰藉。故而应当在符合法律规定的前提下，尊重被害人亲属的意愿对被告人判处死刑立即执行。

四是判处被告人死刑立即执行符合我国保留死刑制度的意义。当下有很多人呼吁废除死刑，认为其剥夺了犯罪人重新做人、报答社会的机会，甚至有人认为只要犯罪人诚心悔过，就应当免于死刑。但死刑的意义在于让被告人能够诚实面对自己所犯的错误，只有这时被告人才能真切地体会到被他残忍杀死的被害人的生命也同样宝贵，死刑的意义不是报复手段，而是让被告人诚实面对自己所犯恶行的方式。对于本案而言，正义已然滞后了，但假如顶着所谓宽恕的言论连滞后的正义都没有，那就是彻头彻尾的伪善。对于审判而言，我们应当依法判处其死刑立即执行。

第一公诉人：王护民，白银市人民检察院党组副书记、副检察长

第二公诉人：李向文，白银市人民检察院公诉处副处长

第三公诉人：贾桐，白银市人民检察院公诉处检察官

书记员：兰俊君，白银市人民检察院公诉处检察官

四、高承勇对公诉人坦露作案动机

庭审后，王护民接到了法官、辩护律师、被害人家属、公安机关、检察院上级领导的电话，大家均反映对检察院公诉工作非常满意，认为这是一场高水平的诉讼。

王护民对笔者讲述了开庭时候的一些细节。随着法庭调查的深入，现场的气氛也越发凝重。当许多年前的那一幕幕血腥残忍的画面重新浮现在人们面前的时候，令人窒息。当被害人的尸检照片、作案现场照片、大量证人证言以及高承勇在公安机关的供述一一展现时，旁听席上，被害人家属在抽泣，甚至有人情绪崩溃，试图击打高承勇。

而高承勇本人的情绪、态度也从庭审第二天开始出现了一些明显的变化，他没有了往日的镇静、冷漠，不但当庭承认自己所犯罪行，而且言辞恳切，在庭审结束后，甚至展现出少有的一面，变得健谈起来。

在王护民看来，庭审的过程，对高承勇的心理应该也是一种压抑情绪释放的过程，他背负那些罪恶近 30 年，可想而知，并不轻松。通过两天的庭审，王护民感觉，高承勇虽然罪不可赦，但并没有完全丧失人性。高承勇在大量证据面前，承认了自己的错误和罪恶。在最后陈述中，高承勇还站起来给被害人家属鞠躬道歉，表示愿意捐献身体器管，赔偿被害人家属，能赔多少算多少。

王护民告诉笔者，直到庭审结束，他对高承勇为何从一个受过高中教育的普通农民变成一个杀人不眨眼的恶魔都很是困惑。因此，庭审结束后，他特意走上前，跟高承勇交谈了 10

多分钟。

王护民问：“你最初的犯罪动机是什么？”

高承勇说：“当初是因为贫穷，想找点儿钱。找钱时被人发现，就杀了人。”

王护民问：“为什么犯下那么多案子？”

高承勇说：“有了第一起就有了第二起，后来就失去控制了，不但不害怕，反倒有点儿欲罢不能了。再后来就是纯粹杀人奸淫取乐，享受这个过程了。”

王护民问：“为什么杀害的都是普通家庭女性？”

高承勇说：“我的身份所能接触到的也就是普通家庭的女性。”

王护民问：“为什么后来终止犯罪了？”

高承勇说：“一是因为岁数大了，没有那么多的冲动了；

初审结束，高承勇作最后答辩

二是因为体力不行了，控制被害人越来越吃力；三是因为自己俩孩子都在白银生活、学习，不想因为自己影响他们。”

王护民问：“想起以前的事，后悔过吗？”

高承勇说：“岁数大了以后，想起以前的事，知道错了，后悔过。但是，后悔也解决不了问题了。”

王护民问：“你对今天的庭审有没有意见？”

高承勇说：“没意见，我认罪，对指控心服口服。”

五、第三公诉人贾桐和当年8岁的被害小女孩儿姚莉莉同龄

2017年7月27日，笔者在白银市检察院采访了白银案第三公诉人——白银市人民检察院公诉处检察官贾桐。

在白银发生的10起案件中，第5起案件的最小被害者姚莉莉与他同龄，那么天真可爱、多才多艺、美丽善良的小女孩儿，本该和自己一样成为对社会有用的青年，可是，却被高承勇摧残蹂躏，残忍杀死，让贾桐心里特别难受。

7月19日下午，对于公诉方建议法庭当庭判处高承勇死刑立即执行的结果，贾桐认为，这非常合理，高承勇必须为他罪恶的行为付出代价，判处被告人高承勇死刑立即执行的意义是让被告人高承勇诚实地面对自己的错误，只有如此，他才能感受到生命的珍贵，法律的威严，判处高承勇死刑的意义不在于复仇，而是唤醒他面对和承担自己所犯罪行的方式。

在贾桐看来，这起案子的确太大了——一人杀死11个人，被刺100多刀，被割走器官，当着两岁娃娃的面强奸被害人，连8岁的小孩儿也不放过……高承勇真的是丧尽天良，毫无人

性。高承勇案件无疑是继宫润柏、马加爵、邱兴华、熊振林、黄勇案件之后，又一起特大恶性连环杀人案，是一个极其典型的反面的邪恶的样本。

这些人犯下的连环杀人案件背后的逻辑基本一致，一样的仇恨和漠视生命，又毫无例外地都是弱者对更弱者的杀戮。各种偶然因素的诱惑和个人的性格缺陷，将他们带上了必然的不归路。他们也带给了被害者家属永久性的伤害。最令人担忧的是那些被害者亲属，面对他们，任何语言都是苍白的，尽管政府尽可能地给予了被害者家属相关的援助和帮扶，尽管最终高承勇难逃法律的严惩，可是，被害者家属要想真正走出忧伤，开始新生活，却是一个非常漫长且艰难的过程……

六、死刑判决

2018 年 3 月 30 日早上 6 点，白银市公安局刑侦支队支队长刘同林从睡梦中醒来。长期的警察生涯，让刘同林养成了早起的习惯。这天上午，他准备去旁听白银市中级法院对白银案的一审宣判。

55 岁的刘同林，从 1984 年参加工作开始，一直从事刑侦工作。1988 年 5 月，从高承勇杀害第一个被害人“小白鞋”开始，刘同林就介入了这个案子。如今，30 年过去，刘同林从当初的普通民警，变成了现在的白银市公安局刑侦支队支队长，身边的同事换了一拨又一拨。

刘同林说：“当初一起跟这个案子的同事退休的退休，调职的调职，去世的去世，如今就只剩我们几个人了。白银案一直是白银警方心头的一根刺，这个案子太大，全国皆知，在破案之前，每次出去出差，其他地方的同行都会问上两句。干刑警的谁不想破案，不仅想破案，还想破大案。结果大案发生在身边，自己破不了，就觉得自己不争气。1998 年，我们并案处理后，连续三年时间，我们的干警每天 5 点起床，出门分组排查，打指纹，中午午饭自己解决，一直忙到深夜，睡上几个小时，第二天又继续。总共用了 3 年时间，我们将整个白银市的指纹基本搜集了个遍。但是，最后还是依靠高新科技，通过 DNA 技术，抓到了他。”

2016 年 8 月，白银警方抓获高承勇后，刘同林与干警们第一时间去给已故的老同事扫墓，把整个案情写成了祭文，给

2018 年 3 月 30 日上午 9 时 30 分，押解高承勇到白银市中级人民法院的警车开来了

老同事烧了过去。

“我们好几个老领导都是一直在跟这个案件的，但是直到他们死前，我们都没能破案，这个案件也成了他们终生的遗憾，他们临死前都念念不忘，希望能够知道这个犯下大案的人到底长什么样子。”

刚刚抓到高承勇的那一天，刘同林很想站在公安局的院子里喊上两嗓子，想把积郁了20多年的怨气，全部宣泄出去。

3月30日上午9点30分，在众人的期待中，一阵警笛声由远及近，三辆警车、一辆特警防暴车从白银区看守所依次开来。

上午10点，甘肃省白银市中级法院对被告人高承勇抢劫、故意杀人、强奸、侮辱尸体附带民事诉讼一案进行一审公开宣判。

威严的法庭内，众人肃穆，屏息而坐。“当”的一声法槌落地，审判长庄严宣布正式开庭。

随着审判长的一声令下，宣判大厅右侧大门方向传来哗啦啦一阵镣铐摩擦地面的声响。

在法庭内等待的150多双眼睛齐刷刷地向大门口看了过去，两名法警押解着高承勇，将他从门外带了过来，后面还跟着两名威严的充满警惕的法警。

自2017年7月18日开庭审理到此刻的公开宣判，整整8个月零12天。再次出现在公众视野里的高承勇比之前明显胖了许多。跟去年开庭时一样，这次他依然剃着光头，带着一脸的冷漠。

戴着手铐脚镣，站在被告席上的高承勇，穿着一身灰色休闲运动服，脚蹬一双黑布鞋，显得很平静。他的身体左右两侧各站着一名法警，架着他的胳膊。

开庭之前，从审判厅入口到被告席有 8 米远的距离，开庭时，被法警押送进法庭时，高承勇足足走了 14 步。一念天堂，一念地狱，高承勇的罪恶人生正是沉沦在这短暂却又漫长的 14 步里。14，在大多数中国人的心里是一个不怎么吉利的数字，而此刻，却成为一种宿命般的巧合。从 1988 年 5 月 26 日高承勇犯下第一起案件到 2002 年 2 月 5 日最后一起案件，恰好是 14 年，而从 2002 年高承勇犯下的最后一起案件到 2016 年 8 月 26 日高承勇落网，警方宣布案件侦破也是 14 年。

开庭前，高承勇头上罩着黑色头套，被法警带入白银市中级人民法院

白银市的部分人大代表、政协委员及部分新闻媒体、群众共计 150 人旁听了宣判，审判长当庭宣读了甘肃省白银市中级法院刑事附带民事判决书。

法院经审理查明：被告人高承勇于 1988 年 5 月至 2002 年 2 月，先后在甘肃省白银市、内蒙古自治区包头市共作案 11 起，其中实施抢劫作案 4 起，实施抢劫、侮辱尸体作案 4 起，实施抢劫、故意杀人、强奸作案 2 起，实施抢劫、故意杀人、侮辱尸体作案 1 起，共致 11 名女性被害人死亡。

法院认为：被告人高承勇无视国法、仇视社会、漠视生命、滥杀无辜，为满足其非法占有目的，使用暴力手段致多名女性被害人死亡，其行为已构成抢劫罪；被告人高承勇为灭口

2018 年 3 月 30 日，听闻高承勇宣判的消息，白银市民登上车顶围观

以掩盖其罪行，使用暴力手段故意非法剥夺他人生命，致多名女性被害人死亡，其行为已构成故意杀人罪；被告人高承勇为满足其奸淫目的，违背妇女意志，使用暴力、胁迫手段，强行与两名被害女性发生性关系，其行为已构成强奸罪；被告人高承勇为满足其侮辱、玷污尸体的变态心理，对多名女性被害人尸体加以毁损或奸污，其行为已构成侮辱尸体罪。

综上，对被告人高承勇应以抢劫罪、故意杀人罪、强奸罪、侮辱尸体罪数罪并罚。被告人高承勇犯罪动机极其卑劣、犯罪手段极其残忍、犯罪性质极其恶劣、犯罪情节极其严重、社会危害性极大、人身危险性极强，应予严惩。白银市检察院指控被告人高承勇犯抢劫罪、故意杀人罪、强奸罪、侮辱尸体罪的犯罪事实清楚，证据确实充分，罪名成立，应予支持。被告人高承勇的辩解及其辩护人的辩护意见与审理查明的事实或法律规定不符，不予采纳。被告人高承勇对因其犯罪行为给附带民事诉讼原告人造成的物质损失应依法予以赔偿。对各附带民事诉讼原告人的合法请求予以支持，对不符合赔偿范围的不予支持。根据被告人高承勇犯罪的事实、性质、情节和对社会的危害程度，经审判委员会讨论决定，依照《中华人民共和国刑法》第二百六十三条第（一）（四）（五）项、第二百六十九条、第二百三十二条、第二百三十六条第三款第（一）项、第三百零二条，1979 年《中华人民共和国刑法》第一百五十条第二款、第一百五十三条，《中华人民共和国刑事诉讼法》第一百零一条，《最高人民法院关于适用〈中华人民共和国刑事诉讼法〉的解释》第一百五十五条第一、二款等规定，判决被告人高承勇犯抢劫罪，判处死刑，剥夺政治权利终身，并处没收个人全部财产；犯故意杀人罪，判处死刑，剥夺政治权利终身；犯强奸罪，判处有期徒刑十年，剥夺政治权利三年；犯侮辱尸体罪，判处有期徒刑三年；决定执行死刑，剥夺政治权利终身，并处没收个人全部财产。另判决被告人高承勇赔偿附带民事诉讼原告人物质损失，赔偿每一位被害人家属 39947.5 元。

整个庭审过程中，高承勇全程都很安静，认真聆听宣判书，目视审判庭，直至庭审结束。其间，他的面部表情未曾有过任何变化，身体也未曾有过任何肢体动作。

审判长问："被告人高承勇，宣判结果你都听清楚了吗？"

高承勇回答："听清了。"

审判长又问："你是否决定上诉？"

高承勇说："不上诉。"

整个庭审过程中，高承勇只开口说了这两句话，共 6 个字。

随着一阵警笛的响起，高承勇再次被带回白银区看守所，继续羁押。

宣判结束后，在法庭门口，笔者与高承勇的辩护律师朱爱军和他的助理简单交流了下庭审感受。

此前，2017 年 8 月 10 日，初审开庭后，笔者曾采访过朱爱军。朱爱军告诉笔者，8 月 2 日他到看守所和高承勇会面时，提起往日犯下的罪行，高承勇再度表示忏悔，说自己年轻时候做下这些事，很不靠谱，给这么多家庭带来了严重伤害和痛苦，也使自己落到今天这个结局，很不划算。

当天，朱爱军和高承勇谈到法院最终的判决结果，高承勇表示，已有心理准备。他认为自己肯定会被判死刑，他的初步想法是放弃上诉，承担法律责任，认罪伏法。

会谈结束前，高承勇再次对朱爱军提到想捐助器官的心愿。得知落实器官捐助事宜程序过于复杂，恐怕很难实现时，高承勇说如果他的岁数大了，或者没有人愿意用他的器官，他愿意签字，捐献遗体，供医学院学生解剖实习用。

分别时，高承勇再次郑重嘱托朱爱军给他家里人带个话："这 11 起案子都是我作的，政府没有冤枉我，你们要放弃质疑，面对结果。"

如 2017 年 8 月 2 日高承勇对朱爱军所说的那样，2018 年 3 月 30 日，在法庭上，听到审判长询问他是否上诉时，高承勇没有任何犹豫，很干脆地说了三个字"不上诉"。

朱爱军介绍，2018 年春节前，开庭前几天，他曾两次去看守所见高承勇，但基本上没有谈什么事，就是见了个面，朱爱军感觉高承勇已经有了结束一切，尽快赴死的准备。

2018 年 3 月 26 日，担任此案公诉人的贾桐告诉笔者，开庭之前，白银市检察院几位检察官去看守所提审高承勇时，他的镇静令人吃惊：他一丝不苟地回答问题，每句话说得都很用心，询问结束的时候，他更是格外认真地核对每份笔录，在签名时，他先是拿起笔在笔录本上比画临摹一下，然后再认认真真地下笔，直到把自己的名字写得洒脱流畅为止。

"宣判结束，这个案件也就结束，再也不想提了，心里实在是撑不住了。"终于等来这一天，邓小慧的妹妹邓女士已感觉心力交瘁。这 30 年来，对于姐姐邓小慧被害一案，邓女士经历了难以诉说的悲痛，案发、破案、审理、宣判，每个节点都会挑起她敏感又脆弱的神经。尽管之前早有心理准备，但走进审判大厅的那一刻，邓女士还是忍不住哽咽哭泣，她捂着脸尽量克制，泪水却从指缝里流了出来。早在三天前，邓女士就在手机上看到即将宣判的消息。她马上打电话给律师，律师肯定地答复她，并告诉她可以入场旁听。2017 年 7 月 18 日，邓女士参加了庭审，高承勇就在她侧面两三米处。

“他讲得很清楚，我听不下去。”当时高承勇详细供述了作案经过，怎么进屋的、怎么杀的，全都一五一十地讲出来，特别冷静。法庭上还出示了当时案发现场的照片，她不敢看也不敢想，把头低了下去，闭上眼睛，“我不敢直面我姐血腥凄惨的样子。”

高承勇在法庭上的表现也让邓女士觉得可怕，她回想，当时高承勇坐着一动不动，眼睛一直平视。后来，高承勇起身，转过来向家属鞠躬，邓女士受不了，情绪有点儿失控，她一度起身质问高承勇。

近 30 年的伤痛，邓女士一直不敢去触碰。邓小慧出事时，她的儿子小宋才 8 岁，随后孩子就被接到了位于平川的奶奶家。

3 月 30 日，小宋也来到了审判现场，对于这个事件，小宋表示，旁人永远都无法理解这种感受，没有办法形容。如今，随着事情结束，小宋的心情有些复杂，很难受，说不出来。

从法庭出来后，小宋与父亲、小姨一起上了车，他们准备去平川为他母亲扫墓。“我要把这个消息，告诉妈妈。”对于高承勇连环杀人案的判决结果，无论是他本人还是其他家属，早就有心理准备。

在宣判现场，被害者“小白鞋”的哥哥白龙和他的诉讼代理人到庭听判。当天早晨 8 时，白龙就早早来到法院门口，等待宣判的到来。“结果早有预料，但赔偿与我们的心理期待相差很远。”但是，宣判一结束，白龙没有像去年开庭时那样接受各家记者采访，而是径直走出了法院大门，急匆匆地走了，他要回家将这个消息告诉老父亲。

2018 年 3 月 30 日中午 12 点 45 分，参加完宣判会之后，朱爱军在微信朋友圈里感慨道：高承勇案终于画上了句号，不管怎样，维护人权，达到控辩平衡，防止冤假错案，让判决经得起时间的考验，这就是刑事律师的职责。

朱爱军认为在这个案件中，他最大的遗憾就是没有打开高承勇内心的那道紧紧锁闭的大门，真正了解他的内心。

从开庭到宣判之前，8 个月的时间里，朱爱军多次想跟高承勇推心置腹地交流，但每次都是无功而返。“他的内心完全是封闭的，谁也不知道他在想什么，也没有人能走进他的内心世界。”在朱爱军看来，高承勇所犯罪行是恶劣的，作为一个正常人很难理解他在作案过程中的残忍手段，高承勇的犯罪心理值得刑法学专家研究。

摄影记者张哲在调整拍摄角度

第四章　起底高承勇

一、藏身之处

白银市工业学校创建于 1986 年，是一所以中等职业教育为主，融成人教育、继续教育及各类职业技能培训为一体的综合性中等职业学校。

笔者到达白银市工业学校的时候，正门前的道路在进行地下管网改造，不时有一些大型工程车开过来，又开过去，车来车往间尘土漫天，黄色的尘土扑面而来，钻到人们的眼睛和嘴巴里。在道路中间，挖好的坑道里，一些戴黄色安全帽的民工挥汗如雨地忙碌着。

学校大门紧紧闭着，一位保安紧绷嘴巴，坐在值班室门口的一把凳子上。看到笔者在拍照，这位保安站起身来，挡在镜头前，他的情绪明显有些懊恼："别拍啦，别拍啦！领导交代，谁也不让拍。"笔者试探着跟他提出到学校里面看看，他很不高兴地摆摆手，"不行，让你进去，我就得走，谁也不允许进学校，哪怕你是央视的也不行，要进学校你去找上面领导，让他们带你进来。”

在学校大门东侧约 30 米远处，有一家名为“乾荣商店”的小超市，走进店里，笔者买了一瓶矿泉水，趁着老板找钱的空，跟他谈起高承勇的事。

超市老板是当地人，姓陈。高承勇之前经常来他店里买烟，他烟瘾不小，基本上两天来一次，每次买两盒。高承勇被抓的事，陈老板是 8 月 27 日看新闻知道的。高承勇抽烟不讲究，每次都买五块五一包的“白沙”。有时候，高承勇来买烟，陈老板会跟他开玩笑说，你们两口子那么有钱，怎么不抽点儿好烟。每次他都是咧嘴笑一笑，不多说话。

高承勇夫妇经营的小卖部就在学校最东边，大概是两年之前承包的。小卖部靠着学校围墙，旁边是学校食堂。高承勇夫妇吃住都在店铺里，店里主要卖一些学生的日常用品。高承勇被抓后，这间挂着“白银市工业学校学生服务部”红色牌匾的小卖部瞬间“爆红”，引来无数家媒体记者前来探访。

在高承勇被抓两天之后，8 月 28 日上午，他老婆张清凤就找了两辆面包车将店里所有的货物运走了。过去的两年多时间里，她和丈夫高承勇一直生活在这里。

“在外闯荡了多年，在这个城市里却没有自己固定的家，我把这个铺子盘点下来，也算是有了固定的家。”张清凤说。

2018 年 4 月 4 日，笔者和同事摄影记者张哲再次来到学校的时候，小卖部原址已是一片平地，初春的土地上几株不知名的植物顽强地破土而出，嫩绿的叶子在阳光中逐渐地舒展开来。

据学生说，为了杜绝记者频繁地探访，学校下令拆除了这几间屋子。

在一家废品收购店门口，笔者见到了王老板和他的爱人。他们夫妇二人是从河南来白银的，在这里已经生活十多年了。王老板之前很少看新闻，并不知道白银案这回事。在王老板的印象中，高承勇是个深藏不露的人，跟他之间有过几次买卖，高承勇曾来他这里卖过纸箱和塑料瓶子。每次高承勇来了，也不多说话，做完买卖就走。后来，彼此之间熟悉了，也就是互相分根烟，点上、抽完，称秤、算账、走人。

紧挨着“乾荣商店”的是一家家常面馆，面馆老板娘听笔者打听高承勇，便抿嘴一笑：“兄弟是记者吧？这些天，来的记者太多了。高承勇之前经常在我这儿吃饭呢！12 块钱一碗的加工面，滋溜滋溜，不紧不慢地吃得干干净净，每次来都准备好钱。他开小卖部有零钱，省得我找钱了。这个人很少说话，每次都是吃完饭，把钱撂下，转身就走，连个招呼都不打。”

谈话间，面馆老板娘也提到了高承勇的妻子张清凤，勤劳、精干，话很多，人很热情，以前也经常过来。但很少和高承勇一起，都是自己来。

学生服务部里面藏着连环杀人犯这个事，对学校的老师、学生和周围的住户来说都是一件大新闻。学校一名女生说：“现在这个新闻在学校里面炸开了锅。大家都不敢相信那个小卖部阿姨的老公竟然是杀人犯。我昨天还特意去网上搜了一下关于白银案的资料。我们竟然跟他这么近距离相处了两年多时间，想想都觉得毛骨悚然。”

学生们表示，高承勇看起来老实巴交的，完全不像是电影里那些杀人犯。据悉，高承勇被捕后，白银市工业学校的学生一时间锐减了不少，胆小的家长立即给孩子转学了。

回白银饭店的路上，出租车司机徐师傅说起高承勇被抓的事，情绪愤慨，他说，很多年前，自己就到派出所录过指纹，采过血，高承勇可把白银人害苦了，弄得人心惶惶，孩子不敢上晚自习，女工不敢出门上夜班。高承勇不是人，灭绝人性，连那么小的孩子都不放过，对他，不能简单地就枪毙掉，干脆让被害者家属来惩罚他，杀了那么多人，这么变态，对这样冷血的坏蛋，就要下狠手，让他轻轻松松地死了太便宜他了！

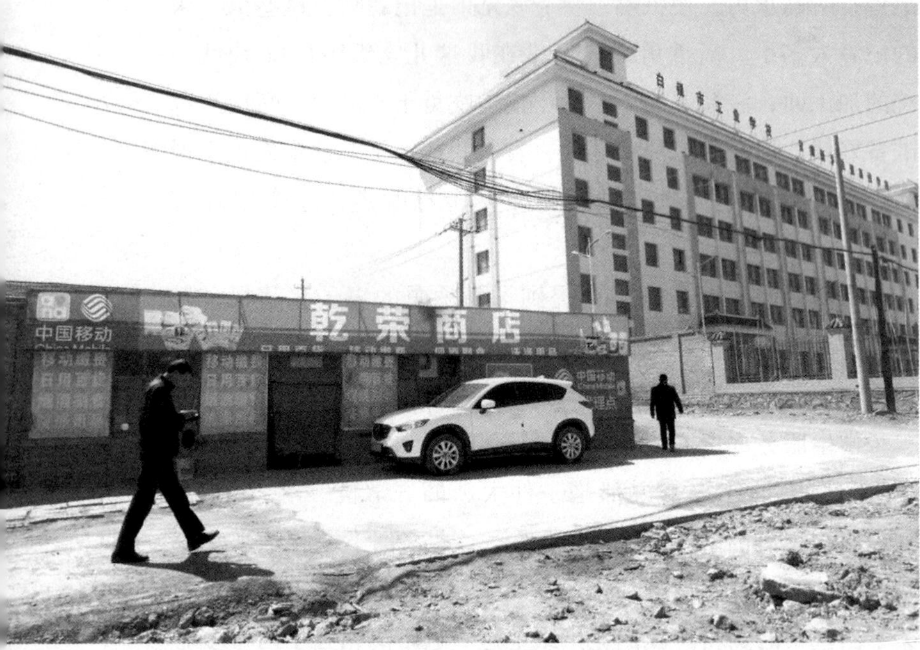

白银市工业学校旁边的小超市，高承勇经常到这里买烟抽

二、历史名城，仁义之乡

2017 年 5 月 24 日清晨，笔者从白银市内打车去往高承勇的老家青城。开车的司机姚师傅很热情，边开车，边热情地说道：“你到青城是去高承勇老家采访的吧？青城现在可出大名喽，我前些天曾拉过五六拨去青城采访的记者，有从北京来的，也有从西安、广东、山东、河南来的，这些天来的人可不少，光白银市每天都有几十个来自各地的记者来青城采访，我的买卖一下好了不少。”

青城距兰州 90 公里、距白银 25 公里，在古代曾是古丝绸

青城书院大门

之路上的商贸中心，唐宋元明时期是重要的边塞军事重镇。青城跟白银的水川镇只隔着一条黄河桥，桥北边是白银，南边是水川。

出租车开出白银市，沿甘肃省324省道一路南行，从一座黄河桥驶过后，便进入兰州市榆中县境内，而后，沿一条崎岖颠簸的乡道向西行十多分钟，就到了青城镇。

第一眼看到青城，笔者很是意外，惊讶于它的安逸、古朴、祥和。远远望去，青城街上高耸的牌坊上镌刻着的“仁义之乡”几个大字，格外醒目。街道两旁商铺林立，整座小镇笼罩在袅袅的清雾中。一进镇子，耳边即刻飘来阵阵歌声，一群在亭廊里自娱自乐的大爷大妈，正操着自备的锣鼓家伙，自唱自演，怡然自乐。

据镇上的导游介绍，青城现为国家4A级旅游景区。青城历史悠久，地理条件优越，历代文人墨客荟萃，商贾云集，创造了独具一格的地方文化，留下了许多珍贵的历史文化遗产和遗迹。明清时期，本地富商和官宦人家在此建设了规模宏大的商业会馆、庙宇、戏楼、书院及家祠80多处，古民居四合院豪宅规模多达152院。青城水烟，闻名陇上。清代康熙、乾隆、嘉庆、道光年间，烟叶种植遍布黄河两岸，水烟生产作坊林立，产品遍销大江南北。可惜的是，“文革”期间这些建筑大都被毁，只剩下了高氏祠堂、青城书院、罗家大院、闯王墓等历史遗迹。

据说，青城得名与宋代名将狄青有关。相传狄青任秦州刺史时巡边至龙沟堡一带，他看到这里地势险要，易守难攻，是守卫榆中的第一道门户，便下令在唐代旧堡旁边修筑了新堡，旧堡和新堡相接，长约五里，成为一个狭长的城池，于是得名

"一条城"或简称"条城"。后来，人们为了纪念狄青大将，将"一条城"叫作"青城"。

从地形上来看，青城镇四面环山，北靠黄河；从布局上看，全镇街巷为棋盘格局，整齐有序，主次分明。因青城雄踞黄河天险，历朝历代都是军事防守要冲。

据载，汉代曾于此屯田，唐代在此修筑了龙沟堡，西夏时李元昊女婿马花麻在这一带游牧。到明朝，跟随肃王来兰州的护卫、部属们不断到青城一带落户，清朝时青城逐渐向商贸中心转变。至今青城的街道命名仍带有明显的军事属性，如齐心牌、上下牌、校场路、箭道巷等。民间有"先有狄青城，后有兰州府"的说法。青城古镇最为繁盛时，人口超过10万人，

青城水烟明清时代曾经名扬天下

而那时的兰州城人口也不过11万人。

每年的4月3日，青城镇都会举办一年一度的省级非物质文化遗产保护项目——“城隍出府”大型民俗活动。“城隍出府”历史悠久，青城城隍为督城隍，雍正二年，经过在兰州的青城商贾多重努力，将督城隍请到了青城。从此，“城隍出府”成了古青城百姓清明节不可缺少的民俗活动，也是青城规模最大的庙会。每年庙会期间，观者如云，游客及乡邻比肩接踵，声势浩大，影响极大。活动主要包括“出巡”和“回府”两大项。

城隍“出巡”场面盛大，出巡的轿子有三顶，分别为督城隍、皋县城隍和金县城隍。定于4月3日上午11点30分举

跪迎城隍爷的青城居民

行，从城隍庙出发，经前街、条城街、边墙路、校场路、南栅门至崇兰山城隍行宫。城隍“回府”时间为4月5日13点。从行宫经校场路、条城街到达城隍庙。出巡队伍所经之处人山人海，男女老幼争先恐后跪在轿子下面，等待城隍爷从自己身上越过，祈求驱除晦气，全家幸福安康。信众临轿烧香许愿，给城隍爷披彩，以示虔诚。

2018年4月5日，清明节当天，笔者去青城采访，刚好赶上了城隍“回府”，亲眼见证了这一盛况。

笔者统计，迎接城隍的青城百姓有数百人，一直从山门口跪到了庙里。每个跪拜的人都会得到一根红色的能够辟邪和保佑人身平安的绳子。

迎城隍的仪式隆重而古典

当天，在城隍庙还安排了演出，男女老少坐在戏院里，观看了历史名剧《铡美案》。

笔者随手拍了几张青城古街照片，还拍了迎城隍和看戏的照片，发微信给特稿部同事编辑靖力。

看完图片，靖力问："你确定这就是高承勇的老家吗？这么古朴、安逸、有历史文化韵味的地方，怎么会出高承勇这样的连环杀人凶手呢？"

三、青城中学

顺着青城镇最热闹的十字路口，一直朝正南方向前行，就会看到一处高高的台阶，台阶尽头，便是高承勇的母校——青城中学。

青城中学历史悠久，创建于1931年，由北平朝阳大学毕业生关紫清先生辞官返乡创办，其办学宗旨是"提倡职业教育，养成生产技能，劳动神圣"。20世纪80年代，在校生人数一度达到1200人。

20世纪80年代，高承勇在青城中学就读期间，时任校长是高华翰。如今，高华翰早已经退休在家，他家里中堂桌上摆着的"从教三十年"的荣誉奖章，是他这辈子最器重的荣誉。

高华翰作为高承勇的老校长，又是他的同族，说起如今"声名狼藉"的学生高承勇，他哀叹数声。"我亲自教过高承勇一年。在我的记忆里，他不是个调皮捣蛋的学生，看着很老实。他穿戴一般，家里兄弟姐妹多，家境不是很好。没有考上大学，对他来说压力应该很大。那个年代，考学决定命运，考上的成家立业、光宗耀祖、出人头地，成为国家的人，拿工资，生活都很好，没考上的人就四处打零工，或是下地种庄稼，高中的书白念了。”

提到高承勇是连环杀手，害死那么多人的事，高华翰觉得不可思议，非常意外。那么一个“肉怵怵”（方言，意为性格敦厚老实）的人，咋能犯下这捅破天的事儿，他的形象完全跟杀人联系不起来。高华翰是从儿子那里得知高承勇是连环杀人凶手的消息的，当时他还对儿子说：“不会吧，会不会还有另外一个高承勇?”

在高华翰看来，高承勇根本没有胆量杀人，他记得很多年前，有一次高承勇和妻子去邻村的一个舞厅跳舞，当地有个混混搂着他老婆动手动脚，高承勇和那小混混儿理论，被对方扎了一刀。出乎大家意料的是，高承勇并没有报警，最后小混混儿出了2000块钱双方私了。

在不少人眼里，高承勇就是一个三棍子打不出一个憋屁的“怂人”。高华翰说，高承勇的二哥20岁时因为意外不幸溺亡黄河，高承勇曾多次到失事处哭过，多年后，提起二哥他还很伤心。同族的人都想不明白，他是怎么到这一步的。

不过，高华翰也承认，高承勇这个人有些拧巴，这个拧巴体现在他成家之后，虽然是农民，但他宁愿土地荒着，也不愿干农活。

他的大哥为了他好，将自己的一块地让给他，他却将大哥给他的这块地连同自己本来的地，一起转包给别人，自己出去四处打工。大哥为此和他吵架，他则干脆再也不理大哥，断绝和大哥的交往，即使是大哥娶儿媳妇时，他也没来帮忙。

笔者顺利找到了高承勇的高中同学，在青城镇上开纪念品店的曾女士和她的老公。曾女士说，其实高承勇是复读生，原本比他们夫妻俩高一级，1985 年因为复读留级到了他们班上。虽然和高承勇是同班同学，但是自己跟他的关系很一般，因为那个年代，男生和女生之间很少有私下的交往。在班级里，性格内向、木讷的高承勇跟大多数同学也没有什么交际。

但曾女士强调，高承勇成天跟一个双腿有残疾的学生在一起，在曾女士夫妻俩的记忆中，高承勇学习成绩一般。他们那届班上一共才有 8 个同学考上本科，成绩最好的同学考到北师大了。那时候，农村中学教学质量并不好，录取率更是低得厉害，复读的学生大有人在，复读四五年的都有。

据青城地方资料记载，20 世纪 80 年代，青城镇经济发展极其落后，人多地少，人均年收入不到 500 元。农民只能勉强解决温饱问题。曾女士说，那个年代生活艰难，没有什么出路，日子不好过，考上大学是能影响一辈子前途的大事，她的两个同学就是因为高考落榜疯了，镇上白医生的女儿也因为考试没有考好，疯掉了。白医生去世后，她嫁到外地去了。

曾女士大方地对我承认，高中时自己没有好好学习，她忙着和男同学也就是现在的老公谈恋爱了。尽管夫妻俩都没有考上大学，但是现在的日子过得也挺好的。

曾女士的老公就在旁边，帮着她招呼客人，她指着老公开玩笑说，早年就让他给耽误了，要不，说不好，她也能考个好大学。

高承勇复读了两年，都没有考上大学，最后只能回家务农。而对一介农民之子高承勇来说，在20世纪80年代，考上大学或参军入伍带来的独木桥效应几乎是决定性的。

2016年8月27日上午，曾女士从电视新闻里看到昔日高中同学高承勇是白银案连环杀手的消息。曾女士和其他同学都觉得很是意外，不敢相信，也想象不到。

高承勇出事之后，同学们发现一件很有趣的事，虽然他们的老同学高承勇一家四口都已搬到白银多年了，但高承勇一直都在一个叫“风雅青城”的微信群里，跟现实中不一样的是，高承勇在群里却像是换了一个人，猜谜、唠家常，表现很活跃。

曾女士最后一次见到高承勇是2015年在东滩村，有一个

高承勇在这里读的高中，连续复读两年，最终无缘大学

老同学搬家暖房子，请高承勇来记礼。但是，那次也没有多少交流，高承勇到场后，就是抽烟、吃饭，跟熟悉的人简单寒暄几句，扔下礼金悄悄离开。

曾女士告诉笔者，很多年前，她也受过此案传闻的惊吓。年轻的时候，她喜欢穿红衣服，但是她的妈妈告诉她白银出了个杀人狂，专杀红衣女子，死活不让她穿红衣服去白银，千叮咛万嘱咐。

临告别时，曾女士的老公开玩笑说，她现在可出名了，就为高承勇这事，不少记者来采访她了。曾女士捶了几下老公的肩膀，愤愤地说，她才不愿意出这样的名呢，这不是什么光彩事，以后再也不接受采访了。

2017 年 7 月 20 日，在笔者第二次去曾女士店里的时候，遇到了以前经常跟高承勇一起打牌的赵先生。赵先生年轻时和高承勇是牌友，两人经常一起打牌。

赵先生说，高承勇这个人打牌很有特点，赢得再多不显摆，输得再多不慌张，打牌时话不多，牌技不低，牌品很好，从不赖账，也不悔牌，有一次输了一万块钱，高承勇也爽快地认账付钱。对于高承勇杀人这件事，赵先生同样觉得难以置信，非常吃惊。

四、高氏祠堂

告别曾女士夫妻俩后，笔者决定先去高氏祠堂走一走。在通往祠堂的小道上挤满了前往祠堂的游客。

据高氏族谱记载，高氏家族源于山东渤海湾，祖上因为守边而来青城。高氏祠堂始建于清朝乾隆五十年，即公元 1785

年，是高氏第九世先祖高秉信发起修建的。高氏祠堂的匾额是原文化部常务副部长高占祥所题。

据现任族长高孝友介绍，高氏祠堂的管理由各村庄推选的会长负责，平时委托一些无拖累、善操持的成年人驻守，祠堂的维修管理及祭祀费用来源：一是读书做官获得功名的高氏族人自愿资助；二是靠当地高氏富户的资助；三是祠堂积累或放贷吃息，或置地收租；四是各村庄按高氏人丁数量的摊派。所有收支状况都有专人记载，均在家长会议上公布议定。现在，仍然保持在每年清明、农历七月十五组织两次募捐活动的传统。募捐得来的款项，主要用于祠堂维护及相关的祭祖活动开支。捐款自愿，额度不限，随心随愿。清明节这天，笔者在祠

高氏祠堂进士及第的牌匾，这是高氏族人的荣耀

堂看到有 10 多个前来捐款的高氏后人，还有 4 个来查阅族谱的人。在族谱里面，笔者很快就找到了高承勇和他家人的名字。

笔者了解到了这座祠堂的前世今生。高氏祠堂在时代的洪流里，也曾历经沉浮。1949 年新中国成立后，高氏祠堂仍由高姓家族派人看管使用，修缮保护。人民公社化后，祠堂被税务所占用。“文革”中，青城人民公社将高氏祠堂以 2700 元卖给青城供销社当作仓库使用，高氏祖坟内的坟地被夷平，划给村民当宅基建房。后来，祠堂山门被供销社拆除，用两扇铁门代替，祠堂全部建筑被税务所拆除建成三层办公楼，其余建筑设施均遭到破坏。

“文革”后，高姓家族子孙先后出资 48092 元，将高氏祠堂从青城供销社赎回，进行了整理修复。1997 年 10 月，高氏祠堂被榆中县政府列为县级文物保护单位。2002 年 4 月 11 日，高氏族人成立了祠堂维修扩建筹委会，开始扩建维修，先后完成了大殿过庭厢房补修、山门和院内四角三间耳房重建、壁画砖雕修理、地坪整修、全面彩绘等内容，使其恢复了昔日的原貌风采。2003 年 7 月 5 日，甘肃省政府公布《第 6 批省级文物保护单位通知》，明确确定将位于榆中县青城镇城河村建于清代的古建筑高氏祠堂列为省级文物保护单位。2005 年 9 月 17 日，成立“条城高氏祠堂管理委员会”，2013 年，高氏祠堂被列为全国重点文物保护单位。如今，高氏祠堂同青城书院、城隍庙、罗家大院、闯王坟一样，成为青城知名的旅游景点，是来青城的人们必然拜访之处。

高氏祠堂的墙上写有高氏家训，开篇的第一句话是：“我高姓子孙要善己也要善人，要善家也要善国，力争做一个德行兼备的人。”同时，高氏家训强调要有“孝悌”精神：“孝敬父母是一切道德的根本。”在过去，高承勇因为对其父亲无微不至的照顾和孝顺，曾是城河村人公认的孝子。在他出事之后，大多数造访祠堂的游客对后过堂中悬挂的那块道光帝御赐的牌匾，以及高氏家族历史上出过的 7 位文武进士的关注、询问的次数极大地减少了，大家的兴趣点都转移到白银连环杀手的高氏第十八世子孙——高承勇身上。

在现任族长高孝友老先生看来，这是件很尴尬的事。无论是高氏祠堂，还是斯琴高娃在祠堂拍摄《老柿子树》《黄河浪》影视剧积攒下的名气，都没有族人高承勇 2016 年被抓更引人关注。

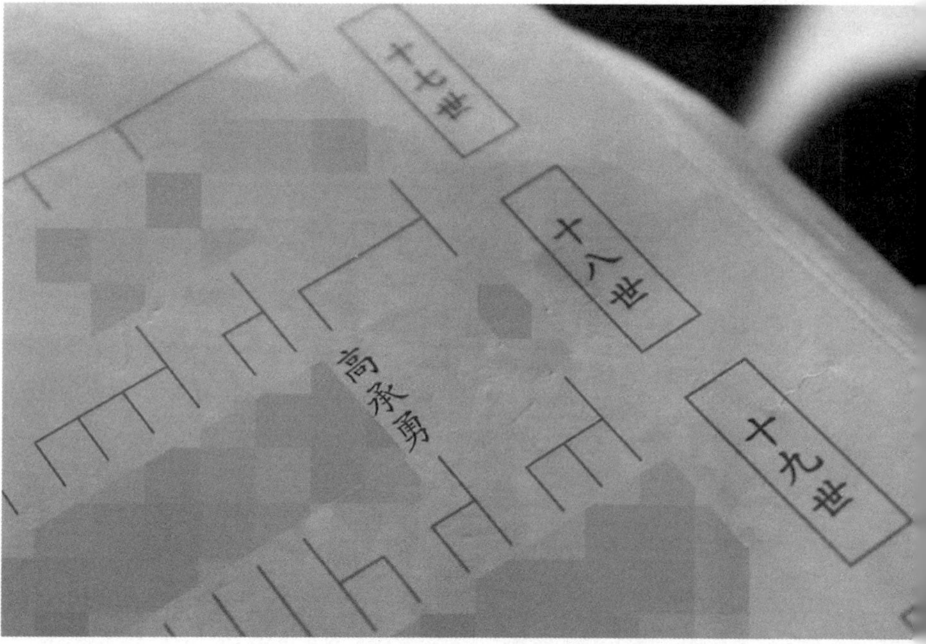

高氏族谱上高承勇的名字

面对不断前来采访、探寻的记者，高孝友无奈地表示："高家出过那么多正面人物，为什么只盯着一个杀人犯！"高孝友无法解释笃信"孝悌礼义"的高氏宗族里为什么会出这种人，干这样的事，他愤愤地说道："林子大了，什么鸟都有，我这个家庙250年了，如今出了个高承勇，是个耻辱，他的行为令宗族蒙羞。"

记者来得多了，高孝友有些不开心，他刻意避开谈高承勇的话题，但避不开的是，高承勇的名字就列在《故条城高氏族谱》第474页。高承勇的父亲一辈有六个兄弟，"作"字辈，名依次为"荣华富贵财源"。高承勇的父亲高作华，排行老二。

清明节当天，来祠堂叩拜先祖的高氏后人

有些村民认为，出这件事之后，应该把高承勇从族谱里删除，免得让宗族蒙羞。高孝友坚决不同意：“不能删！犯罪的是他这个人，不是他的名字，他姓高，这是不可能改变的事实。如果族谱里删掉他，后面就接不上了。”

提到高承勇的罪行，高孝友很愤怒，他说，如果按照过去的高家家法，高承勇犯案要被带到祠堂，适用“族规”如鞭打示众等给予惩罚。

勉强应对一段时间之后，厌倦了采访的高孝友，拒绝再给记者介绍高承勇的情况，甚至不再如往常那样每天都准时出现在祠堂里，就算出现在祠堂里，也没有了以往给客人们讲解高氏宗祠里列祖列宗光辉荣耀的兴致和热情。

五、城河村村民不敢相信高承勇是杀人狂魔

城河村 428 号是高承勇的家，距离古朴而繁华的青城镇街市直线距离不过 750 米，虽然近在咫尺，但却俨然两个世界。在村头的几棵泡桐树下，笔者遇到了几位纳凉的村民。

村民徐大哥说，城河村共有 2000 多口人，高姓是村里的大姓，除了高姓之外，村子里还有王、张、曾、吴、周、李、刘、邹、武、肖、陶、郑、罗、徐等姓。

得知树底下纳凉的人里面，那位年纪最大的就是高承勇的小学老师李老先生，笔者试探着询问关于高承勇的事情，李老先生一脸愠怒地说：“我不想说高承勇的任何事，我教出的学生都是优秀的学生，积极面对人生的学生，高承勇这样的恶徒，不是我的学生。”

一旁的徐大哥跟李老先生开玩笑说：“你再否定，他也是

你的学生。”

言谈间，李老先生突然生气了，大声说：“我没有高承勇这样失去人性的学生，我拒绝承认他是我的学生！”说完，便起身拂袖离去。

徐大哥带着笔者找到了高承勇家的老宅，老宅紧紧地缩在一条仅容一人通过的长约 10 多米的土巷里，如果不是熟人，很难找得到。高承勇家老宅的房子是有些年头的土坯老房，如今铁门紧锁，人去屋空。

透过两扇红色铁门之间的缝隙，依稀可以看到院子里疯长的杂草和几根靠墙而立的枯木，以及紧挨着正房屋墙的那一根向空而立的木制电视天线。

站在高家院子大门前，触目可及的便是院落当中一棵挺拔、繁茂的枣树，虽然无人养护、修剪，却长得旺盛而又肆虐，枝叶纷乱，像极了高承勇失控的人生。

村里有懂风水的人说，高承勇家的宅院紧紧地缩在胡同里面，连个像样的大门都没有，风水不好，宅子戾气很重，里面有不干净的东西。

在得知高承勇竟然是白银连环杀人案的真凶后，附近的邻居吓得再也不敢到那个院子里去了，高承勇的妻子和儿子也没有再在村子里露过面。

高承勇老宅大门左侧的土墙上，各地媒体记者攀爬拍照时蹬蹭出来的一些小土坑，仍清晰可见。高承勇出事之后，这处老宅一度迎来了近百位媒体记者，为了攀爬到大门屋顶拍照，连大门上方支撑门楼的横木都被踩断了。这里曾经住着高承勇的父母、五个姐姐和两个双胞胎哥哥，他是家中最小的男孩儿。

据高承勇隔壁的本家爷爷高大爷介绍，高家家业鼎盛时很了不得，庭院好几处呢，高承勇的爷爷在镇上开中医诊所而受人尊敬，三叔继承医道，颇具仁心仁术，族人相传他“碰到个蚂蚁都要绕开走”。高承勇的父亲高作华一辈子务农，但是，勤劳能干，偶尔做点儿买卖，家境也还可以。

由于高承勇的父母已经去世，高承勇常年外出打工，妻子和孩子也都离乡多年，这处老宅一直空置，平日由高承勇本家的一个兄弟负责看管。没有人住的房子就像丢了魂的人，旧得特别快。如今，缺乏修葺的宅院已失去居住条件，只能用来存放杂物，兴许不久就彻底坍塌了。

高承勇老宅 200 米外就是城河村古民居修建工程。榆中县青城镇城河村，作为兰州首个国家传统村落，正在大力打造以宗族文脉为亮点的旅游产业。而高承勇注定要错过这次能改变家庭命运的机会了。高承勇四姐高兰秀比弟弟大 15 岁，在她的记忆里，这个幺弟从小受家人宠，父亲脾气暴躁，母亲性子强、干活利索，父亲有时会骂母亲，孩子们在外面玩得迟了，父亲会朝他们的后脑勺吐唾沫，笑着训斥一通。

弟弟高承勇很少被训，因为他最不爱说话，即使被训了他也不吭声。

“想不到啊！那么懂事孝顺的孩子，怎么会杀这么些人。人心真难测啊!”80 岁的高大爷在跟笔者攀谈期间，多次摇头，反复嘟囔。

在高家老一辈族人的眼里，高承勇从来都不是一个勤勉的耕作者。在高孝友、高华翰等人的印象里，这位沉默寡言的晚辈在本村尝试过种植大棚蔬菜，但效益一般，对主粮的种植和收割也不甚关心，离乡 10 多年间，除了清明节和农历七月十五回家祭祖外，他很少回来，偶尔有亲戚家办喜事，也是回来露一面就走。

2016 年 8 月 27 日中午，青城镇党委书记带着七八个便衣警察来到大棚找到正在干活的高承海，让他把高承勇家的大门打开。高承海是高承勇同族兄弟。当时，村里人并不知道高承勇到底犯了什么事，村民们就都围聚在高家这座老宅前看热闹。

高承海问警察到底什么事，警察回答："你不用管了，跟你没关系。"直到 8 月 29 日一早，高承海在地里才听到高承勇就是连环杀手的传闻，他在那儿愣了半天，都没有缓过劲来。

前些年，高承勇的两个儿子先后考上大学，这让高承勇脸上很是光彩。他的大儿子读完本科后又攻读了研究生，如今在国内一家科研单位上班，二儿子本科毕业后也找到了一份不错的工作。

高承勇夫妻俩在白银工业学校内经营的小卖部生意也不错，村里很多人都羡慕这家人，有些人甚至在教育孩子的时候，都以高承勇作为参照目标。

直到高承勇落网被抓，族人们也没有觉得高承勇身上有什么特别异常的地方，难以理解他为什么放着好日子不过，却成为连环杀人犯，落到这般田地。

除了同族的人之外，村民张志武算是跟高承勇私人关系不错的一个了。他在村子里最后一次见到高承勇是 2016 年的农历七月十五，每次高承勇回家，都会抽空儿到张家坐一坐，这一年也不例外，高承勇在张志武家坐了坐，喝了会儿茶，寒暄了一会儿。

张志武说，这应该也是大多数青城镇城河村人最后一次看见 52 岁的高承勇。

在张志武的印象里，和他从小玩到大的高承勇一直都是个稳当人，要不是网上有警方抓捕他的照片，张志武死活都不相信是他犯的案，想不通！在此之前，五一期间，高承勇和妻子曾经回家一次，张志武还特意留夫妻俩吃了顿饭。他记得很清楚，当天，妻子做的臊子面，高承勇吃得满头大汗。

在高承勇出事后，有村民来找高兰秀，把手机上的信息给她看。67 岁的高兰秀吓得连炕都下不来了。她觉得弟弟闯下的祸实在太大了，比天都大，他做的这些事太残忍了。高兰秀想不明白弟弟为什么会做出这样的事。她感到抬不起头来，也担心这件事对他的两个孩子有影响。她说高承勇的两个娃都争气得很，上厕所时都读书，她猜想弟媳妇之前不知道此事，要

城河村高承勇家荒芜的宅院

不得会就地吓死。高承勇被抓之后很多天，高兰秀天天躺在炕上淌眼泪，这个11岁就挑起家庭重担的农妇，只能用神秘力量来解释驱使高承勇杀人的各种“可能”。

城河村村主任王强不经意地抱怨说，这些年，留在村里面的人越来越少，村民要么搬到城里住了，要么在外面打工极少回来。留在村里的，除了村委的几个干部外，都是些上了年纪的，或者在外面没有门路的人。村里小学的学生也越来越少了，很多娃娃跟着父母到城里读书了。人少了，村民之间的纠纷却越来越多，为钱、为男女关系、婆媳关系等各种原因，同族兄弟，甚至亲兄弟、亲父子之间闹翻，乃至大打出手的不在少数，世道人心都变了。

高承勇落网之后，村里的一些人恍然觉得，前几年高承勇的心理和行为的确发生了一些变化。同村的村民高俊伟说：“以前我们在清明节、七月十五、十月初一、年三十的时候，都会给先人们烧纸，但高承勇不会。每次看到村民烧纸，高承勇就说，你们无聊的，这是给谁烧纸呢，烧也是白烧。但是，这几年里高承勇好像突然变了一个人，清明节、七月十五他都会来村里给他父母坟上烧纸钱。”

六、白银棉纺厂小区

由于工作地点的不固定，近30年间，高承勇的足迹遍布甘肃、青海和内蒙古几个地方，他曾经贩卖过刀具、当过金属冶炼工人、当过“站工”、开过出租、经营过小卖部，他从2006年到2012年6年间，和妻子一直租住于白银棉纺厂家属院里。

笔者实地探访了解到，当地人习惯避开家属院的名称，称这里为棉纺厂小区。

一进棉纺厂小区大门，笔者就看到在大门西侧有一个篮球场，傍晚时分，有一些少年在打篮球，击掌声、呼喊声此起彼伏。篮球场旁边，有一溜的健身器材和水泥台，锻炼身体的、打牌的、聊天的、看孩子的男女老少，随处可见。

棉纺厂小区里共有 15 栋老旧的家属楼，除了老棉纺厂的老工人和他们的后代，这里还租住着各色的人，有一些房子被租赁出去开了洗头房和按摩店。院子里的树是建设小区的时候栽种的，已经长得高大、挺拔，繁茂的枝叶搭成一片浓荫，清凉着烈日下的居民。

据和高承勇同住一个单元楼的邻居孙阿姨介绍，她经常和高承勇的妻子张清凤聊天。张清凤的弟弟几乎每天都带着儿子来高承勇家吃饭，一天三顿。高承勇的房子是一室一厅，38 平方米，月租 400 多元，听张清凤说，她的弟弟负担房租。高承勇的岳母在附近种菜，也经常给他家送菜。看起来，他们两口子的关系挺好的，张清凤还夸自己的老公，说他在外面干活很辛苦。平日里，高承勇偶尔也会到孙阿姨家坐会儿，两人一起聊天抽会儿烟。

孙阿姨经常拉着张清凤去文化宫跳舞，但没见过高承勇和他老婆一起跳舞，高承勇具体去哪儿连他老婆都不知道。

笔者在棉纺厂小区看到，3 号楼跟小区里其他楼的外观没有什么差别，红砖外露的墙体，这是那个时代标准的建筑风格。3 号楼最后一个单元的一层，一共有 3 家住户，高承勇租的屋子在最中间。厨房的窗户上贴着两张旧报纸。不同于隔壁的邻居家，他们家的房子没有安防盗门，褐红色的木门油漆已经脱落了些许。

高承勇对棉纺厂小区并不陌生，2000 年 11 月 20 日，他曾走进棉纺厂以前供职工居住的联排平房，在这里，他将一名 28 岁女工罗红霞割颈杀害，而后扒下了她的裤子，实施强奸，之后残忍地砍掉了她的双手。而这已是高承勇犯下的连环杀人案的第 8 宗命案。这次高承勇的作案地点距他后来租赁居住的该小区楼房仅四五百米远。

据孙阿姨说，到了 2013 年的时候，房东要将房租涨到 500 元，高承勇夫妻俩和房东吵了一架，搬到了永丰街上的一个猪圈里，暂时凑合了两个月之后，张清凤通过亲戚盘到了白银工业学校的校内小卖部，两人才搬了过去。两个儿子也考上大学，住到了学校里。

玩滑板车的年轻人，白银系列血案离他们非常遥远了

现在，整个棉纺厂小区的生活节奏显得祥和而宁静，如果不去触碰从前的伤疤，谁也不会重新撕裂潜伏在内心里的那份小心和忧伤。这点，在白银市内其他地方也一样，比如，人民路上的车来车往，永丰街小区鼎沸的广场舞的歌声，胜利街放学孩子们的嬉闹，水川路上大型工程车的穿梭，无不显示着这座城市的人们勇往直前，面对命运的力量。

28 年间，不少人对于往日血案的记忆已经变得遥远而模糊。除了极个别被害者亲属，对大部分白银人而言，这个工矿城市，人们的生活和日子，如何朝前走向未来，更是主流情绪，对明天与未来的希望总给人一种无法阻挡的前行力量。

七、妻子说高承勇被捕前半年状态反常

据高承勇的妻子张清凤说，在 2016 年 3 月，公安部开展疑难命案积案攻坚行动后，高承勇也曾有过失常反应。

张清凤至今都无法相信和自己一起生活了 30 年的丈夫会是杀人狂魔。她曾经在给朱爱军的电话里，反复确认这个消息，无论如何，她也想不到，自己的男人竟然杀了那么多人，实在是让人无法接受。

在高承勇落网前，警方上门给他抽血，说要做 DNA 比对，高承勇慌张的眼神和之后的一系列失常反应，让张清凤不得不信，他是有事的。“被抓的是他，公布的照片还是他。这个事实不容否认。”

高承勇出事之后，张清凤心里既迷茫，又后怕。她突然觉得自己不认识高承勇了，这个和她同床共枕了 30 年的男人，一下子变得陌生而恐怖。

张清凤说："在这之前，一直都表现得很稳重的丈夫在最近的两三个月里，有那么几次彻夜失眠，翻来覆去地睡不着。那天抽血后，他就好像心不在焉，晚上吃饭时手有点儿抖，我还担心他病了，就问他咋了，他说没事，可能是白天搬东西累了，我就没有在意。"张清凤感觉很明显，自从高承勇在网上看到公安部开展疑难命案积案攻坚行动，甘肃省决定启动白银连环杀人案再侦破的新闻后，高承勇就变得不爱出门了。

"有时候我忙，让他到外面换零钱或者进货，他都懒得动，一天没事就倒在床上睡觉，好像有心事，有时候我问多了，他就说是累了，或者说想娃了。"张清凤说。

第五章　末　日

一、在看守所

2018 年 3 月 31 日上午 10 点，高承勇被宣判死刑的第二天，笔者在甘肃省白银市白银区看守所谈话室，第一次见到高承勇和他的管教民警吴育祥，吴育祥正在和高承勇谈话。

吴育祥：“你吃了降压药之后，现在身体还有什么不适吗?”

高承勇：“现在血压不高了，感觉头不晕了，还好。”

吴育祥：“出庭宣判那天，血压咋突然升高了呢?”

高承勇：“不知道。现在好了。”

吴育祥：“宣判结果，告诉同监室的人了吗?”

高承勇：“跟他们说了。”

吴育祥：“他们没有歧视你或者欺负你吧?”

高承勇：“没有。”

吴育祥：“好好遵守监规，服从管理，有什么事随时跟我说，有什么想法多和我沟通。”

高承勇："好。"

吴育祥和高承勇相对而坐，一个是犯下连环杀人罪被严加看管羁押的重刑犯，一个是代表国家与政府行使职责的管教民警，吴育祥的话语拿捏得非常到位，既有对高承勇的关心、体贴，也有对他的告诫与教育。

高承勇挺直腰身坐在椅子上面，脸色凝重。虽然他努力保持冷静，但是，笔者还是在他脸上看到了"待决死囚"所特有的那份泯灭了所有希望之后的冷和乱。

将高承勇押送回监室后，笔者问吴育祥："高承勇什么时候到看守所的？看管他的这些日子，你是怎么过来的？"

吴育祥告诉笔者："2016 年 8 月 28 日下午 4 点左右，当

白银市白银区看守所

时我正在家里休假，接到了所长成文忠的电话——你快来！快来！白银案破了！嫌疑人高承勇已被抓获，马上就送到所里来。分管监管工作的市局和分局的局领导都过来了。”电话里，成所长的语气有些兴奋，也有些着急。

“当天晚上11点40分左右，高承勇正式收押。我在看守所工作13年，多次执行监管重刑犯的任务，相对来说，看管高承勇给我带来的监管压力算是比较大的。从他被羁押进看守所到现在，我几乎没有睡过一个踏实觉。有这个感觉的不只是我一个人，白银市区两级分管监管工作的局领导及成文忠所长都因高承勇的到来，背起了一份巨大的责任和压力。”

从2016年8月28日深夜高承勇羁押到看守所至今，主管民警吴育祥每日进监室都对其进行人身安全检查，谈话教育，随时掌握了解他的思想动态。进到监舍后的一段时间里，高承勇对陌生人、对看守所民警都持有一份强烈的戒备心理。随着相处时间的增加，彼此之间交流的增多，高承勇对吴育祥的工作还是相对配合的，逐渐对他有了一定的信任。

高承勇曾说，他之所以信任吴管教，是因为吴管教把自己当人看，不打骂、虐待自己。

到看守所工作之前，吴育祥在白银公安分局刑侦队工作近20年，此前一直参与侦破甘蒙“8·05”系列强奸杀人残害女性案。13年前因为工作需要调到看守所后依然关注此案，每当和在押人员谈话的时候，吴育祥都注意寻找破获该案的线索。高承勇被羁押后，在一次日常谈话教育时，吴育祥和高承勇说起这件事。高承勇略带沮丧地说：“13年间，看守所关押了那么多犯人，你天天念叨我，我能不进来吗？”

4月2日上午10点，白银市白银区看守所所长成文忠就看守所监管工作，特别是甘蒙“8·05”系列强奸杀人残害女性案案犯高承勇的羁押管控工作，对笔者作了详细介绍。

白银市白银区看守所是公安部评定的一级看守所，目前，已通过公安部“全国标兵看守所”考核验收。当前，白银区看守所担负着白银市区两级公检法和安全部门的犯罪嫌疑人、被告人、罪犯和全市女性及未成年犯罪嫌疑人的羁押任务。2007年2月28日，最高人民法院正式收回和统一行使死刑案件核准权，随着这一制度的落地实行，死刑犯在看守所的羁押周期延长了，管理难度加大了，看守所监管民警肩上的责任和心理压力也比过去更大了。

白银市白银区看守所认真贯彻落实公安部、省厅、市局公安监管工作的会议精神，始终将死刑犯管理作为看守所管理工作的重点，多措并举加强死刑犯管理工作，确保死刑犯监管无事故，保证了监所安全稳定。2016年8月28日，在高承勇结束初审，羁押到看守所之前，白银市公安局薛生杰副局长，白银分局杨成副局长召集看守所领导班子、管教中队长吴育祥等人提前开了一个通气会，就羁押看管高承勇的管控措施，作了周密的计划和细致的安排，并对高承勇本人作出风险评估，将其确定为“一级重大风险”。由于高承勇被捕后情绪一直不是很稳定，在前期审讯阶段，他曾出现极端行为，趁民警不注意，在审讯椅上磕破了自己的头，试图自杀。这是个具有极大风险的羁押对象。就此，杨成副局长特别强调，高承勇羁押到看守所之后，不能出现任何闪失。

初次听到高承勇落网的消息，成文忠感到震撼和欣慰。对高承勇的羁押与管控，是白银市白银区看守所近年来承担的一次重大任务。

根据上级领导指示，白银市白银区看守所启动了一级应对措施。由成文忠全面负责，教导员、副所长协助，指派责任心强、管教经验丰富的吴育祥为主管民警，汪涛为协管民警。为便于管理，成文忠安排工作人员将高承勇关押到重点监室。这个监室处于总控室和管教室之间，一旦有突发情况，工作人员都会迅速到位，果断采取相应措施，进行妥善处置。同时，这个位置的监室也方便律师会见，便于办案单位提审。

在高承勇到来之前，看守所安排工作人员将这个监室认真细致地检查、清理，不放过任何一个死角，严禁任何违禁品、危险品流入监室，确保监室绝对安全、卫生、干净，杜绝任何安全隐患的存在。2016 年 8 月底，刚入看守所时，高承勇的

管教民警吴育祥在监控视频上查看监室情况

情绪不稳定，从安全角度考虑，其不适合单独关押，经看守所党支部会议研究决定，挑选10名表现良好、服从管理的在押人员和他在同一监室。看守所对高承勇设置了专门的单屏显示，24小时监控他的一举一动，无缝监控。

白银市白银区看守所管教中队长吴育祥每天都会来到监区内的监控室查看高承勇的情况。高承勇的妻子曾来看守所给其送过一次衣服，出于安全考虑，吴育祥没有接收，而是自己去给高承勇买来了衣服。

二、胖到了204斤

对白银区看守所来说，把高承勇的羁押监管工作做到位，只是一个方面，看守所另外一个重要的工作就是对高承勇的教育、感化，促其认罪服法。

入所初期，高承勇的气焰是嚣张的，不把民警和监管规定放在眼里，消极抵抗，破罐子破摔。由于高承勇罪行累累，极其危险，按照《中华人民共和国看守所条例》相关规定，看守所民警对其加戴械具，并对其作诫勉谈话，晓之以理动之以情，讲法律，说道理，让他老老实实地服从管教，遵守监规。

成文忠说，2017年农历大年三十之前，高承勇对他提了两个要求。

腊月二十六日那天，高承勇说："想洗个澡。"因为主管民警吴育祥家中有事，那天没有人安排给高承勇洗澡。

成文忠当即答应并安排工作人员带高承勇去洗了澡。

大年三十的晚上，成文忠值班，到监室例行检查时，高承勇说："成所，我有个要求，想和你说说。"

成文忠说：“你说吧。”

高承勇说：“今天过年了，这可能是我在世上过的最后一个年了，我很久没有喝饮料了，你能不能给我买瓶饮料来？”

成文忠痛快地答应了他的请求。按照相关规定，逢重大节假日，所里都会改善所有在押人员的伙食，提供一些水果饮料给大家。喝完饮料，领到自己的水果之后，高承勇给成文忠鞠躬致谢。

成文忠强调，不管是高承勇还是其他的在押人员，在看守所民警眼里，他们都是一样的人。看守所不仅肩负着打击、预防、深挖犯罪和教育改造等多项职能，而且还担负着人文关怀、文明执法的新任务。对在押人员实行人性化管理是监管工作的基本要求，是社会发展的必然趋势，就算收到所里的在押人员是个人渣、恶魔，但是，人渣归人渣，恶魔归恶魔，该怎么办他们，由法院说了算，到了看守所，就得把他们当人对待。

吴育祥解释说，看守所并没有单独关押高承勇，这是符合相关规定的，目前，高承勇已经被判死刑，像他这样的死刑犯，看守所通常不会单独关押。第一，监室紧张，不可能为他单独空出房间来；第二，高承勇属于重点管理对象，具有一定的危险性，为了防止其自残或出现其他问题，对他的关押看管会比较谨慎。

此外，对于那些即将执行死刑的在押人员来说，精神上通常会比较抑郁，将他们和别的轻刑犯关押在一起，便于他们与其他人交流，缓解压力，舒缓情绪。如果单独关“小号”，压力往往更大，情绪更不可控。如果死刑犯在死刑执行前和同监室人有一定的交流，还有利于减轻他们对死刑的恐惧。

从2016年8月28日羁押到看守所那天起至2018年3月30日宣判这天，高承勇在看守所的表现总的来说还算不错，未曾出现过骂人、打架等违规行为，个别媒体报道高承勇自杀三次的说法完全不属实，纯属谣传。自高承勇羁押以来，各级领导都把羁押高承勇的事放到心头，始终关注、重视。

2017年7月18日白银案开庭的当天晚上，看守所突然遇到电路故障，白银市公安局白银分局局长郭卫平、副局长杨成亲自到看守所值班。2018年3月29日，一审宣判的前一天，看守所又遇到线路故障，白银分局政委李林明专门来看守所检

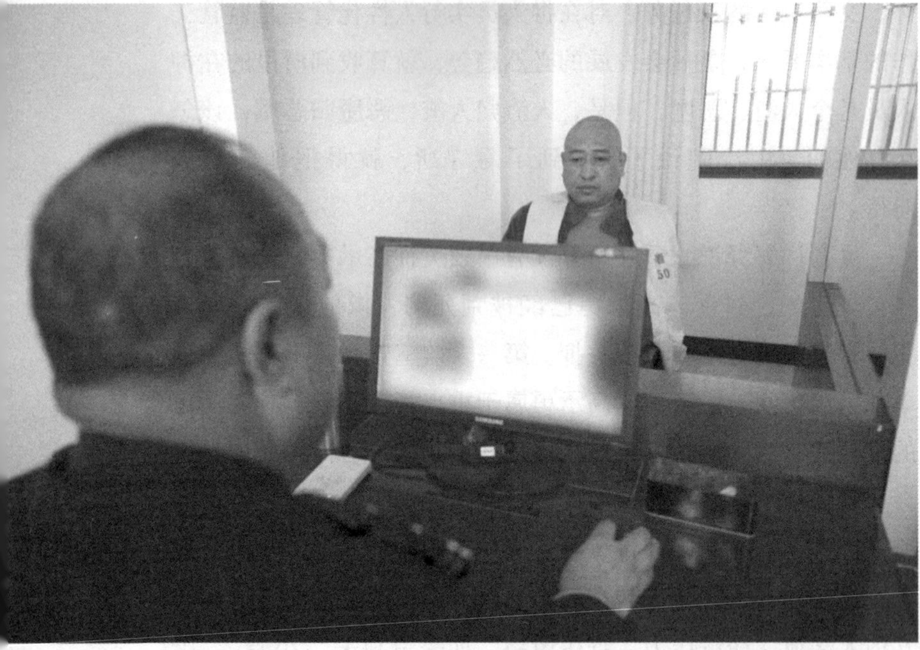

管教民警吴育祥询问高承勇的身体状况，开庭前，他的血压突然升高，吴育祥有些担心

查指导工作，对高承勇进行谈话教育，做心理辅导。

对高承勇严管之外，成文忠所长还要求管教民警，依法管理、规范管理、科学管理、文明管理，充分体现人性化。尽管高承勇罪行累累，但他也有合法权益，要尊重他，关心他，法律已经将其绳之以法，其受到了惩罚，他为此已经付出相应的代价；但其健康权、生存权甚至该有的一切合法权益，必须得到应有的尊重。

吴育祥了解到高承勇特别喜欢看一些历史和文学方面的书，就想着办法把这些书找来提供给他。高承勇把这些书一本一本全读了，读完后就会让吴育祥再给他找一些。

吴育祥曾告诫高承勇，服从看守所管理，不能违反监规。高承勇说刚被警方抓进看守所之初，他确实萌发过自杀的念头，那时候，他主要担心因为犯下的这些罪行，会遭到同监室人的歧视、欺负、打骂，也担心管教会虐待他。

但是，进来一段时间之后，高承勇发现同监室的人没有一个人歧视、侮辱他。看守所的管理很人性化，管教和所领导都把他当人看，很快，他就彻底放弃了自杀的念头，心想自己多活一天是一天。但凡看过开庭视频或者到过宣判现场的人都会发现高承勇变胖了。据吴育祥介绍，到看守所之前，高承勇远没有现在这样胖，气色也没有现在这样红润，到看守所后，他的体重一直在增加，体检时发现他的体重到了 204 斤。

开庭前一天，高承勇的血压突然升高，让吴育祥捏了一把汗。后来吴育祥分析，开庭那天，高承勇看上去面无表情、不为所动，实际上他内心里应该是波澜起伏的，否则他的血压不会升高。

三、高承勇曾经画了一幅画

在不少媒体的报道中，高承勇都是一个冷漠内向的人，轻易不表露自己的想法和感受，不相信任何人。

据白银市白银区看守所副所长陈声波介绍，他曾对高承勇做过多次心理测试，感觉他内心的那道门是封闭的，不会轻易对人打开。他是一个充满戒备心理的人。每次提审高承勇时，陈声波都试图尽力打开他的心扉，探索他的犯罪根源。但是，每当谈话进行到关键时刻，涉及关键问题时，高承勇都会对抗和抵制，要么闭口不说，要么顾左右而言他，要么瞎说一气。

陈声波研判，高承勇对外界信息的接纳属于分析型的，在做心理测试题时，他每道题都会仔细看很多遍，认真斟酌、揣摩，而后再答题。而最终，得出的结果是他属于正常型心理。

偶尔高承勇心情好的时候，也会提起生活中那些温暖愉快的事，譬如他小时候和妈妈在老家时，妈妈炒菜，他添柴烧火，帮妈妈做饭的事；譬如他和初恋女友的感情。更多的时候，高承勇的内心里装着的都是一些负面的情绪，譬如他始终认为自己是一个很自卑和孤独的人，甚至也承认自己是一个变态型性格的人。由于性格孤僻、内向，他的人际关系一直都不怎么好，几乎没有什么朋友。高承勇和他妻子的关系很一般，妻子的性格与他很不一样，是外向型的人。有时候因为一些生活琐事他妻子也会责骂他，但是他很少去计较反驳，一直都是忍着，最多转身离开。

有一次，陈声波让高承勇随便画一幅画，想画什么就画什么。高承勇接过笔来，画了一座房子，一棵树，还有一个裸体的男人。

他画的那座房子，很像一座庙宇。画的裸体男人有些像他自己。

陈声波根据此画判断，高承勇内心的某些情绪和感觉，人格状态和性格属性应该就潜伏在这幅画里，需要一些时间去解析与探索。

笔者在看守所采访高承勇的报道刊发之后，网络上有位未留名的心理专家分析了这幅画。他说，整幅图基本上充满了一张纸的空间，这说明高承勇的内心，还是非常紧张焦虑的，但是这种紧张焦虑从外表上很难察觉。

高承勇画的那棵枯树，整个树干上只有树枝，没有树叶，树枝异常尖锐，树枝的枝杈非常对称。据此可以看出他脾气暴躁、冲动、有强迫倾向，做事具有明确的计划性，善于隐藏自己。从树枝的形状看此人攻击性较强。树枝的形状类似男人的性器官，表明他有性心理问题。树枝朝向相反，表明他的人际关系不良，爱抱怨。枯树表明高承勇的生命力严重不足，衰竭

高承勇接受心理测试时画的画

感强烈，性格内向，缺乏自信，情感抑郁，在日常生活中不能与他人建立很好的互动关系。

此外，这棵树的底部没有画地平线，表明高承勇处于一种漂流的状态。树干细而无冠，表明高承勇忧郁且情绪低落，纤细的树干可以看出他在成长中缺乏支持的力量，渴望得到关爱与支持。

而高承勇画中的人物是一个侧面像，表明高承勇具有强烈的防御心理，害怕面对真实的自己。五官画得模糊，显示他习惯于自我防卫，与人接触较畏缩。头发笔触浓密杂乱，表明高承勇内心里有令他烦恼的事情。细长的脖子能看出这是个有计谋的家伙。像爪子一样的手指，表明了他较强的攻击性。

高承勇画里的人物没有脚，说明他极度缺乏安全感，日子过得不踏实。人物没有穿衣服且强调臀部，表明他对性的关注。高承勇画的房子好像一座庙，说明他想追求心灵上的宁静。房子的门是双扇门没有把手，表明他渴望能拥有伴侣但又不欢迎人走入他的内心，但他不会去跟外界交流，他有自己的秘密尚未透露。

事实上，高承勇偶尔也有真情流露的时候。有一天，在陈声波给高承勇做心理疏导时，提到归案之后他可能会被判死刑，提起久未见面的两个儿子，他的眼里突然流出了泪水。

陈声波问高承勇："有什么想和儿子说的吗?"

高承勇说："希望他们坚强。"

陈声波到看守所工作之前，也曾是甘蒙"8·05"系列强奸杀人残害女性案专案组的成员。在得知抓到高承勇的消息之后，他感觉自己的心在怦怦跳——对专案组所有民警来说，这个消息太振奋人心了。

四、最后一顿饭，高承勇想吃羊肉泡馍

后来，和高承勇熟悉了之后，吴育祥曾经问过高承勇行凶作案的原因。

高承勇说：“刚开始的确是因为想弄点儿钱花，那时候家里穷，日子紧张到连买盐的钱都没有，周围能借到钱的亲戚朋友都借到了，实在愁得没有办法，就骑车到白银四处踩点，伺机作案。”

吴育祥问高承勇：“作案杀人，身上带有血迹的时候，就不怕被家人发现吗?”

高承勇说每次作案都穿黑衣服，即便沾染上血迹也不显露，回家后，趁妻子忙碌之余，自己把衣服洗了，从未对任何人说起白银系列杀人案件。

高承勇承认，事实上他也知道警方一直在想尽各种办法抓他，他甚至看到过警方找人给他画的画像。警方录指纹的时候，他在广播里听到了，就刻意躲避到外地去，他知道自己一旦去了就完了。自己作案这样多，肯定会被抓住。但是，没有想到这么久才被警方抓获。刚开始的那些年，他还有些害怕，睡觉都不安稳，慢慢就不怕了，反正自己已经无路可走，哪天抓住，哪天算。

一般来说，随着执行死刑日期的临近，死刑犯的心理变化会非常明显。那些生命将要或已经进入倒计时的死刑犯，往往都要经历一番哭闹，随着时间的进展，他们逐渐对被执行死刑有了准备，一般便开始有所忏悔及反省，整个过程艰难而反复。

但是，高承勇是例外，他一直都很安静，相对来说，也比较服从管理。

吴育祥透露，在高承勇被宣判死刑之后，对他的看管措施更加严格。一般终审被判死刑的罪犯，在看守所里被称为待决死刑犯，会被加上更重的脚镣械具，这样的话，他行走更艰难，要用手提着镣铐才可以挪动，走路时的声音很大。

2018 年 3 月 29 日，宣判前一天，吴育祥对高承勇说明天就要对他依法宣判了。听到这话，高承勇多少有些紧张，便问吴育祥是不是要枪毙自己啦?

吴育祥告诉高承勇，就算宣判判他死刑，死刑复核程序也要一些时间，不会马上执行死刑。

3 月 29 日那天，吴育祥亲自给高承勇收拾了衣着和卫生，还给他理了发，洗了澡，剪了指甲，让他换上一身灰黑色休闲服，换了内衣裤，穿上一双黑布鞋。

驻所医生给高承勇做了下体检，发现他的血压有些高，高压 180，低压 120。看守所安排医护人员对他进行了降压治疗。

宣判当天，高承勇面无表情地站在被告人席上，表面看来，他几乎无动于衷，直视审判庭。但从 29 号他的血压值来看，面对宣判，他内心里应该是有很大波动的。

宣判前，高承勇对吴育祥说，政府、管教把自己当人看，自己得积极配合，把所有问题都交代清楚，认罪服法。

吴育祥问高承勇："判决生效后，想不想见见家属?"

高承勇说："想，但是没有脸见。"他觉得自己做的事太丢人，特别怕影响到他的两个儿子。

高承勇还说："我没有想到两个娃娃能成才，考上大学。"

他在大儿子考上研究生，二儿子也上大学之后，就终止了作案，主要原因是觉得俩娃娃有出息了，不能再弄事了，影响两个孩子的未来。平时，高承勇跟两个儿子交流得很少，两个儿子都喜欢和妈妈交流，很少给他打电话，偶尔过年回家一次，也是忙着走亲戚，待几天就走了。

宣判前一天，吴育祥问高承勇："能想到判决结果不?"

高承勇说："肯定判死刑。"

吴育祥又问高承勇："对判决结果能接受吗?"

高承勇说："刑事判决能接受，民事判决有异议，因为我没有钱赔给被害者家属。"

高承勇又问："啥时候执行?"

吴育祥说："根据法律规定估计得有一段时间，现在说不准。你怕不怕?"

高承勇说："不怕。"他希望早点儿执行死刑，尽快了结这些事。日子越长，给家里人带来的压力越大，影响他的两个儿子。他活着一天，他家里人就牵挂他一天。他死了，时间久了，家里人就把他忘了。时间能解决这些问题。

谈到自己犯下的案子，高承勇也曾流露过后悔之情。他说不该杀害崔娜娜和姚莉莉。当时，高承勇进门之后，这两个人对他都非常友好，还给他端茶倒水。可是，对他最好的这两个人，最终还是被他杀了，而且手段极其残忍。

当天，高承勇还问起吴育祥捐献器官的事，说能捐的话就捐了，能给一部分钱赔偿被害人家属，赔多少算多少吧。高承勇还说，如果最后那一天来了，他想吃顿羊肉泡馍，再抽几根烟。

吴育祥教育高承勇说："如果真有下辈子，我希望你能做个好人!"

五、不知道怎么评价自己这一生

高承勇如何从一个受过良好教育的老高中生，蜕变为这样一个令人不寒而栗的杀人狂魔？他到底是个什么样的人？经历了哪些不为人知的遭遇？

这是很多媒体都关注的，也是诸多社会民众所关注的。

4月2日下午2点30分，笔者赶赴白银市白银区看守所和副所长陈声波一起与高承勇做了简短的交流。

留着光头，穿着一身灰色休闲服，脚蹬一双黑色布鞋，镣铐加身的高承勇坐在我们俩对面的沙发上。

这是一个西北农村汉子，高高的个子，壮硕的身体，黝黑的皮肤，厚厚的嘴唇，狡黠的眼睛。他斜着身子，蜷在沙发

笔者趁白银区看守所副所长陈声波与高承勇谈话的机会对他作了独家采访

里，沉默无言。

他抬头看我们的时候，眼神里没有任何情绪波动。

有几分钟的时间，谁也没有开口，大家彼此看着，屋子里除了墙壁上滴答作响的钟表指针，一切都在沉寂中。

最终，陈声波副所长打破了彼此的沉默。

笔者和陈声波一起询问了高承勇童年生活的一些经历，进监所以来，特别是宣判以后的一些心理感受及牵挂，高承勇均作了正常回答。整个交流过程中，他的表现始终平静、理性。

陈声波说："有些媒体，很容易把某些死刑犯标签化、脸谱化。他是犯罪了，十恶不赦，可背后他也是常人，也有努力和挣扎，也有儿女情长。或许，他的生活里 95% 的时间都是正常人，只有 5% 出现了偏差，严重犯罪最后判死刑。客观来说，几乎没有谁天生就是杀人恶魔，家庭环境和生存环境对一个人影响深远，还有复杂的社会因素。有些罪犯最初也想好好生活，可自己周围的现实很糟糕，出了事也没法及时处理和化解，最后疙瘩越来越大，造成严重暴力犯罪。"

陈声波建议，希望有更多社会学者关注死刑犯的犯罪背景和社会因素，现在的犯罪成因各式各样，社会、家庭、个人等多重原因累加在一起，导致犯罪事件发生，因此，面对一些犯罪状况，整个社会都要反思，这才是最大限度减少死刑犯的根本。

离开看守所回到宾馆之后，笔者联系了高承勇的辩护律师朱爱军。朱爱军告诉笔者，最近一段时间有无数家媒体在打探高承勇家属的消息，甚至有人找到了高承勇儿子的单位，令其家人不胜其扰。朱爱军说，实际上他一直也没有见到高承勇的妻子及儿子，以往都是通过电话和信息联系，现在高承勇的妻子张清凤已经离开白银，去儿子家住了，为了躲避各地媒体，他妻子刚刚换了电话号码，原来的号码已经打不通了，估计是想彻底躲避开眼前的一切。

六、性变态还是人格分裂

高承勇为什么要杀那么多的人？他是连环杀手吗？直到目前仍然是一个谜。

当前，国内学者针对高承勇的探究和分析并不多。对其做出较为客观和系统认知的人，当属中国人民公安大学犯罪心理学教授武伯欣。

早在高承勇落网之前的 2010 年，武伯欣教授就率领团队参与此案的侦破工作，在高承勇落网之后，他接受媒体采访时，对高承勇及白银案作了深度的解读。

据武伯欣分析：这起案件性质上是性变态连环杀人。性变态是指在人群当中，性满足对象和性满足方式与众不同，心理和行为偏离正常人的规律和特点。这种变态心理和行为特征，高承勇都具备。性变态有十几种，有性抗拒、性虐待，还有窥阴癖、恋物癖等。高承勇属于性虐待，一般由窥阴癖发展而来。根据我们以往办案的经验，年轻的时候扒女厕所，对女人有特殊的癖好，之后程度可能会加深。该案自 1988 年 5 月 26 日第一起案发，以至后来的连续发案，毫无疑问，表现出来的就是典型的性变态强奸杀人案。从犯罪心理学上分析，性变态也是人格的一种变态，这表现在性行为上也与众不同，其背离了当地或是当下社会的风俗习惯，违反了法律、法规的相关规定。

在武教授看来，从第一起案子开始，高承勇满足性欲的方式和满足性欲的对象和正常人就已经明显不一样，具备了性变态犯罪的基本特性。从高承勇选择的对象上看，他选择的都是女性，男性找女性，这个表现还是比较正常的，但是从其满足性欲的方式看，就是性变态的特征。最显著的特征是，高承勇满足性欲的方式非常残忍。他不像一般凶手那样在性冲动的左右下实施强奸，得到满足之后就一走了之。高承勇犯下的每一起案件都有明显的虐待和性宣泄倾向，而且他始终在凶残地杀人，有恃无恐地杀人。从作案时间上来看，高承勇犯下的系列案件发生的时间都是在白天。高承勇很大胆，他不怕血光。这点他和一般凶手不一样。血光恰恰助长了高承勇的性冲动，给了他更强烈的刺激和满足。

从年龄上看，在高承勇第一次作案时，他才 25 岁，之后他变本加厉。从警方掌握的情况看，被高承勇侵害的女子身材大都比较丰满，由此判断，他喜欢丰满型的女人。此外，他作案动机绝不单纯是为了财物，11 起案件，他获得不过百元现金，而且他作案上瘾，持续作案，随着欲望的增强，犯下的案件越来越多。

武教授分析说，现实中的案例表明，所有性变态犯罪的习惯都是与众不同的，有一个固定的模式（切喉或者割喉，强奸或奸尸，身中数十刀），形成一个心理行为的动力定型。动力定型指人自动化的行为方式，就跟机器一样，只要一个按钮就像印刷机似的进行下去。心理行为定型了，只要有机会，就会抑制不住发生一系列连锁反应。性变态者即使懂法，作案时脑海中也没有法律约束，犯罪心理的强度超出法律对他的约束，在犯案时处于疯狂的状态。根据以往的办案经验，性变态案件也不像普通案件会提前预谋，掩盖犯罪痕迹，往往宣泄完了不收拾现场，所以遗留了很多线索。所谓性心理变态，最严重的是施虐色情，施虐色情最极端的恶性发展是“色情杀人狂”。其特点是通过杀害女性而获得高度性快感与变态心理满足。有的是在奸淫后进行杀害，有的是在杀害后进行奸尸，有的则只对女性杀害并不进行奸淫，有的则同时残酷地将女性身体切割、剖胸、开腹或将子宫等内脏挖除，甚至食人肉等。综观高承勇 11 起案件中所实施的具体侵害行为，他完全符合上述判断标准。

针对有人提出高承勇是精神病的论述，武伯欣教授做出了反驳。高承勇是性变态并非精神病，他作案的时候，不是控制不了自己的行为，而是难以控制自己的行为。

精神病是大脑神经系统和心理的整体瓦解，性变态则是大脑功能正常，他完全可以做一些调控，他的想法带动着行为实施并达到目标，直到能满足欲望为止。精神病是心理生理都瓦解了，他的大脑指挥系统已经控制不了。性变态偏离了正常人的行为，已经划入异常，但不属于精神病，也不属于双重人格。性变态的认知是正常的，和普通人没区别，行为是在自我意识清醒的情况下，而且作案之后他非常明白自己的行为，只是他有和常人不同的特殊需求，所以他要对自己的行为承担全部刑事责任。也就是说，若性变态的人除了在取得性满足的方式上偏离正常之外，在情感、理智、智能等方面都没有异常的表现，则不属于精神病。非精神病性精神障碍人具有刑事责任能力，对于性变态者，如伤害到他人或他人利益时，一般都要追究刑事责任。

武教授分析，11 起案件的种种迹象表明，高承勇具有明显的性施虐障碍中最严重的“色情杀人狂”的亚型，同时兼有恋童癖倾向，以及反社会型人格障碍。高承勇作案对象是 20 至 30 岁上下的成年女性，并不是小孩儿。那个被侵害的 8 岁女孩儿的案子，应该是一个独立的偶发的案件。高承勇最初瞄上的对象应该不是孩子，但是孩子可能偶然地成为他实施犯罪的障碍，所以他把她杀死、发泄性欲，但手法（用皮带勒死）跟其他几起有出入。

那么，如何发现身边的性变态并避免受到伤害？武伯欣强调，年轻女子应该随时察觉和识别，一是了解这方面的知识，二是要提高警惕。该系列案件发生的时间都是在白天。正是因为在白天，女性会以为平安无事，但性变态者是不按常理出牌的，像一些公交车上的性摩擦，人再多他也不会顾忌。尽管当下社会对女子着装越来越能容忍，但年轻女性还是应该适可而止，毕竟性心理的诱惑不是来自一个方面，它不仅有视觉，还有听觉、肉体接触、色彩、语言诱惑，有时候人说话的声音好听，也容易惹起性变态者的发作。

西北师范大学心理学教授彭德华在接受采访时，也分析了高承勇的作案动机和心理状况：从表面上看高承勇话少、稳重，但是从犯罪成因来看，他具有严重的心理障碍和人格扭曲，人格扭曲与他的生活经历是密切相关的。特别是高承勇新婚不久，按理应该是享受生活的，他却干了一系列违背常理的行为，这都说明高承勇人格偏执。

从高承勇的犯罪过程来看，他是有蓄谋、有计划、有条不紊地进行犯罪的。这就充分说明了他的心灵是极度扭曲的，所以他才会做出这种令人发指的、残暴的犯罪行为。警方不少人也认为高承勇具有双重性人格，一面是长期隐匿的性变态，一面又以“极其冷静、忍耐超常”的“高冷”姿势示人。不过，当前警方并没有拿出实际证据表明高承勇具有临床心理学意义上的双重人格，充其量只反映了他人格的两面性，公开一面是老实人，不多言语，隐忍退缩；私下一面却是冷血、变态。

白银市检察院所作答辩书中，对高承勇是否有责任能力，是否具有精神疾病或者是否是性变态的问题，进行了答辩。

附：关于被告人高承勇是否有责任能力，是否具有精神疾病或性变态特征方面的答辩

（一）被告人高承勇精神正常，属于完全刑事责任能力人

一是被告人高承勇能够清楚地辨认和控制自己的行为，不属于精神病的范畴。刑法之所以规定精神病人及未成年人具有部分或无刑事责任能力，是基于认知能力和自控能力而言，法律不得惩罚不知其行为的人，这就表明对于精神疾病和心理扭曲不得一概而论。

从被告人高承勇的社会经历和评价可以看出，高承勇的认知状态与社会生活能力正常，不存在失去自控能力的现象。尤其是对于犯罪目标的跟随、挑选，对犯罪手法进行缜密的计划，比如准备绳索捆绑被害人以便于强奸或杀害，购买布兜以便于割取器官，低调潜伏多年等行为，都能够充分证明其不仅可以辨认、控制自己的行为，而且充分认识到其行为必然招致刑罚的后果，被告人当然不属于精神病的范畴。

二是被告人的变态性，又名性倒错、性偏离或性心理障碍，指性心理和性行为严重偏离正常轨道，表现在性爱对象、性身份、性目的或满足性欲的方式异常，或者表现为不使用性

器官正常性交的性行为。该行为不得成为减损责任能力的理由。

高承勇奸淫被害人的行为带有性虐待癖的倾向，又通过撕咬或割毁乳房、生殖器等获得心理满足，确实令人诧异。但是性变态者是否可以减损刑事责任能力在心理学界和司法实践中还存在一些争议，心理疾病的存在与否，不同的医生甚至会给出不同的结论，故而不得以此为客观依据将所有性变态者归入减损刑事责任能力的范畴。

其次，根据心理学专家的著述与本案案情综合分析来看，高承勇的情况应当定义为行为偏离或类似人格障碍，不属于性变态类的精神疾病，理由如下：

1. 其变态性的犯罪行为不是贯穿始终的，而是逐步加深的。被告人不是一开始就有性虐待癖的倾向，而是随着作案次数不断增多，不断对年轻貌美的女性产生性冲动，即被告人满足性欲是从猥亵到强奸不断升级自身行为，其采取的性侵被害人的方式不是常人难以理解的怪癖手段，而是普通的性交方式，故不得将强奸被害人的行为归入性变态者而减损其责任能力。

2. 被告人奸淫尸体的行为不是为了奸淫尸体而奸淫尸体，从主观方面而言被告人从来都没有将强奸活人或强奸刚死亡的尸体作以区分，只是由于当时侦查技术所限无法查明某些被害人遭受性侵时是否还存活，对其奸淫被害人尸体的认定为侮辱尸体罪，是采取了“有利被告人”原则而作出的，被告人不存在强奸尸体而获得变态满足感的情况，故不得将奸淫被害人尸体的行为归入性变态者而减损其责任能力。

3. 被告人侮辱、毁坏被害人尸体的行为不是非精神病性精神障碍行为。所谓非精神病性精神障碍，指的是精神异常导致认识能力或者控制能力出现减弱，根据中华医学会精神科学会通过的《中国精神疾病分类方案和诊断标准》第三版修订的（CCMD－3－R）的分类标准，被告人高承勇的行为与变态型人格障碍相似，但实际考察后却发现根本不同，其辨认和控制自己的行为能力非但没有减弱，而且在数起犯罪中呈现增强的趋势。如在水川路一案后，高承勇自述“无法控制欲望，想去继续作案”，而且将割身体器官作为犯罪的固定目的之一，但是审查后发现其不仅没有出现此类精神障碍者所出现的癫狂、焦虑等症状，而是还更加仔细预谋，购买布兜和绳子便于再次作案，且其最初割取器官的目的并非是为了满足性冲动需要，而是出于报复，之后被告人在作案几次获得刺激后即供述称“觉得没有意思了”，便放弃割取器官，这足以证明其并非不能制止自己满足不合理或者变态的需要。

另外，变态型人格障碍的特征之一是短促爆发后归于常态，即具备此种障碍的人在实施变态行为后会对自己的行为产生厌恶心理，但被告人高承勇并非如此，其还存在欣赏、抚摸割取的器官的情况，故而绝非上述障碍性人格，不得因此而减损其刑事责任能力。

附：关于故意杀人罪定罪方面的答辩

纵观全案，高承勇故意杀人犯罪的主观故意和客观行为贯穿始终，应当依法认定每一起犯罪事实中的故意杀人罪，理由如下：

一是被告人高承勇主观上自始至终都有故意杀人，客观上实施了故意杀害11人的行为，以故意杀人罪定罪处罚更为恰当。如在白某、石某、李某等案中，高承勇供述其“想盗窃或抢劫，如果有人发现就一定要杀人灭口”。在作案中被害人发现时，高承勇即开始实施杀人的犯罪计划；而在之后的杨某、邓某、崔某等案中，被告人的犯罪动机又发生了变化，供称“专门找年轻漂亮的女人下手、强奸、割器官，碰到有钱就拿”，可见其将故意杀人列为主要犯罪目的之一；从客观行为来看，被告人劫取财物的行为逐渐式微，获得财物很少，但每一起均要置被害人于死地，可见其更加倾向于杀人和奸淫犯罪，不得不以故意杀人罪进行评价。

二是正确理解抢劫与故意杀人、强奸与故意杀人的吸收和牵连关系。按照我国刑法规定，对于抢劫致人死亡、强奸致人死亡只以抢劫或强奸罪加重评价的情形，应当存在于抢劫或强奸行为本身导致被害人死亡，以及行为过失导致死亡结果出现的情形，即强奸致人死亡或抢劫致人死亡以一罪评价，应当是为了完成强奸、抢劫犯罪在行为过程中过失导致被害人死亡的情况。反观本案，被告人高承勇在作案前就已经准备杀死被害人，抢劫时就已经确定要将被害人杀死，并非为完成抢劫而杀死被害人。

同时，被告人对后强奸或先强奸后杀人持无所谓态度，在杨某、邓某等案中更是直接采取挑选目标尾随和跟踪的方式，杀人指向明确、犯罪动机清晰，按照主客观相一致原则应当将故意杀人罪单独评价。

三是依照现行法律规定和司法解释，本案应当以故意杀人与抢劫、强奸、侮辱尸体罪数罪并罚。按照最高法 2001 年 5 月 23 日《关于抢劫过程中故意杀人案件如何定罪问题的批复》：“行为人实施抢劫后，为灭口而故意杀人的，以抢劫罪和故意杀人罪，实行数罪并罚。”虽然抢劫致人死亡与抢劫、故意杀人数罪并罚的刑期基本相当，但准确认定罪名也是罪责刑相适应的基本要求，综上，应当对起诉书所指控的11起事实均认定故意杀人罪成立。

七、辩护律师认为，高承勇作案心理值得研究

除了专家和公检法的办案人员之外，高承勇的辩护律师朱爱军是接触高承勇最多的人了。

4月7日，笔者第三次采访了朱爱军，他就担任高承勇辩护律师的感受以及高承勇涉及的11起案子作了详细的介绍。

朱爱军是2016年9月6日接受白银市司法局指派，担任高承勇辩护律师的。朱爱军坦言，接受这个任务，自己内心里压力蛮大的。本来高承勇涉及的案子就是疑难大案，非常复杂，辩点不好找。高承勇罪大恶极，作案手段残忍，事实清晰，根本无法为他脱罪，任何为他脱罪的举动，都会伤害被害者家属的心，也容易引起社会上人民群众的愤慨。

朱爱军最终确定自己的辩护思路，本着保障罪犯的辩护权利的目的，将辩护重点放到证据、材料方面，就这方面的一些瑕疵、缺失，提出自己的意见，防止案件在办理过程中出现瑕疵或其他问题。

朱爱军对笔者说，他和高承勇的接触也并不顺利，第一次的会见就不太成功。一开始，高承勇对朱爱军是抗拒且怀疑的，完全缺乏信任，高承勇甚至自己也认为没有什么好辩护的。朱爱军并没有轻易放弃，而是耐心做高承勇的工作，从维护人权的角度，从保证高承勇自身权益的控辩平衡的角度来说

服他配合工作。

由于家属拒绝见面，直至高承勇被判死刑那天，朱爱军也一直未能见到他的家属。家属在请律师这件事上心理负担比较重，毕竟此案在当地影响很大，他们家也距离白银不远，家属可能认为请了律师，会让人觉得是在推卸责任，虽然朱爱军多次争取、沟通，但是家属还是没有在委托书上签字，最终是高承勇本人签字办的手续。

最令朱爱军困惑的是，面对高承勇，他始终无法打开他的内心，进入他的内心世界，真正地窥探到他灵魂深处的东西。直到宣判结束，进入到死刑复核阶段，朱爱军仍困惑于高承勇杀人的心理动因。说他报复社会吧，却又找不到报复社会的仇恨激发点；说他报复女性吧，同样没有找到能让他仇恨的女人；说他性变态吧，暂时还没有拿出严格意义上的科学的鉴定；说他精神有问题吧，他的精神也很正常，家族里也没有任何人有精神方面的疾患；说他为钱财，为寻刺激吧，杀人动机又浅显了些。

在朱爱军看来，高承勇这个人具有多面性，尽管在外面不断制造惊天血案，但是对家里老人还能尽孝道。高承勇的孝道在同村高家五爷爷看来，是严厉教育出来的。高承勇的父亲生前性格倔强，被村里人称为“包公”，容易翻脸不认人。在父亲的高压管制教育下，高承勇从小内向，说话都不敢大声，和村子里的人见面往往是礼貌问好，缓步离去。

通过数次交谈，朱爱军了解到，现实生活中的高承勇没有任何知心的朋友，他内心比较封闭，人际关系单一，很多时候沉浸在自己的世界里，一般人看不透他。

随着接触次数的增多，高承勇对朱爱军少了些许抵触，能正常交流，但是难以推心置腹，始终有很多隔膜和回避在那里。有几次，在问完笔录之后，朱爱军想试着和高承勇聊聊天儿。小心翼翼地试探着，问他一些涉及感情的问题，他立刻反问，这个跟案件有关吗？然后，就再也不吭声了。在前几次的会见中，高承勇一直都言语不多，非常冷静，语调听不出任何心理变化。有时候，朱爱军问他很多话，往往他的回复可能就是一两个字，或者嗯一声。

为了打开冷静沉默的高承勇的内心世界，朱爱军专门找来《变态法医学》研读，提醒自己不要按照常人的逻辑去与之交谈。朱爱军感觉自己就像一个医生，碰到了世界级的疑难杂症。

八、西方学者对连环杀手的研究和判定

即使当着检察官、民警、法官以及心理专家的面，高承勇也是一个闷葫芦，很少能敞开自己，深入地交流。当笔者到看守所采访高承勇时，他的表现也是如此，对看守所副所长陈声波的心理理疗也是消极抵抗。

高承勇曾经对朱爱军和办案检察官及民警都说过，自己杀人是为了发泄。通过两次采访中的接触，笔者认为高承勇的内心好像隐藏着一头疯狂的野兽，现实中的某些不为外界所知的挫折失败、伤害和打击让他内心充斥着不满和痛苦，而杀人成为他唯一的表达方式，并且以此为乐，难以自控。

为了探究高承勇的作案动机及剖析他的心理，笔者专门查阅了诸多西方研究连环杀手的资料。

所谓连环杀手，又称系列杀手、连环凶手、连环杀人犯、连环谋杀犯、民众杀手、消遣杀手、“serial killers”。在此之

前，最早定义连环杀手这一类犯罪的术语并非“serial killers”，而是“stranger killers”，翻译过来就是“陌生人杀手”。据警方调查发现，连环杀手的大部分被害对象为陌生人，所以该词应该是由此衍生出来的。

官方资料显示“连环杀手”这一术语是由罗伯特·雷斯勒提出的。他是美国联邦调查局（FBI）行为科学调查组创始人，世界上首个在刑侦过程中运用罪犯心理侧写的专家。他认为“陌生人杀手”这一术语不准确，并不是所有的连环杀手和被害人都是陌生人关系。

1974年，他在一家英国警察学院讲解系列强奸案、纵火案、盗窃案和谋杀案时提出了这个说法。雷斯勒认为连环杀手在每次谋杀后的紧张和渴望与陌生人杀手类似，而且二者都和幻想有密切关系，周期性、重复性也都很相似，所以连环杀手是个很准确的说法。因此今时今日的“serial killers”这一术语得以广泛使用。

连环杀手又称连环杀人犯，是一个或多个杀手把被害者一个又一个地杀害，多数是谋杀。在现代城市中，杀手的心理可能是精神疾病发作，或是对目标人物物化，爱操纵目标人物的生命，视目标人物如蝼蚁，可能有性欲，或道德观极端化而自命为判官，“替天行道”，有牺牲自己以达成梦想的心态。

美国联邦调查局对连环杀手（serial killers）的定义是：谋杀至少三个人，并在作案期间存在“冷却期”，与短时间内在同一地点展开大屠杀的大规模杀手（mass murderers），又或四处逞凶杀人的疯狂杀手（spree killers）有别。所谓“冷却期”，是指两宗谋杀间隔的那段时间，连环杀手这段喘息的时间长短不一，短的可为一两天甚至是几个小时，长的有一个月甚至数月，通常连环杀手通过一次“谋杀体验”使自己的兴奋情绪达至一个高峰后，需要一段时间平静下来，回味并总结这段亢奋经历，改良行凶方法。

一般人总认为连环杀手外观必定像疯子或狂人一般，品德低劣，事实上未必，连环杀手外表多半与一般人无异，甚至很迷人，甚至有高尚的情操或严格的道德感，其中还不乏有高学历者（著名的连环杀手泰德·邦迪即是最好的例子），给人以他们很容易亲近的错觉。在这方面，高承勇的表现与此相符。

美国一些学者很早就总结出了一些连环杀手的共性：81%的连环杀手在青春期偷过东西；36%的连环杀手小时候折磨过小动物；69%的连环杀手的家人中有酗酒的毛病；50%的连环杀手父母一方有犯罪记录；47%的连环杀手在12岁前失去父亲；81%的连环杀手热爱色情文学；71%的连环杀手童年很孤独。

在采访中，高承勇一直强调自己很孤独，很自卑，跟父母、兄弟姐妹、妻子的关系都很一般，跟两个儿子也不怎么交流，很少打电话，甚至都没有加儿子的微信。问其孤独自卑的原因，他却回避无语。

美国犯罪心理学学者 Ronald M. Holmes 在所著的《Serial Murder》一书中，将连环变态杀人案分成4种类型：幻觉型、使命型、享乐型、控制型。据此看来，高承勇的状况明显是享乐型，即从连环杀人中获得心理的愉悦和满足。在他眼里，虐杀只是他的一项爱好，被害者对于他来说只是无名的人偶。所以当他杀完人，他就可以若无其事地去继续他的生活——去跳舞、去赚钱。他没有任何负罪感，没有点滴的忏悔。

高承勇落网后，几十家媒体奔赴白银，去往高承勇老家青城，挖地三尺，展开地毯式采访。从抓获高承勇的警察，到他的辩护律师、办案法官、检察官，他的妻子、儿子、同族兄弟姐妹、亲戚朋友、同学工友，凡是能找得到的人都采访了个遍。

媒体记者试图弄清楚高承勇的作案动机和他成为连环杀手的原因，无一例外的是，接受采访的人都对高承勇的落网表示吃惊，不敢相信那些血腥残忍、恐怖变态的案子是他干的。从这点来看，高承勇是当之无愧的“奥斯卡影帝”。不得不承认，他骗过了所有人。在其家人、族人、亲戚、朋友、同学、同事、邻居面前，高承勇和行为怪异、残忍血腥的变态狂及连环杀手根本不搭边。

表面看上去，高承勇与我们日常生活中接触到的大多数从农村走出来的中年男人一样，普普通通、沉默寡言、安分守己。我们能看到的是其生活表层、家庭、职业、生活环境和生理、年龄、外貌等的变化，看不到的却是其命运中未知的偶然和必然，一步步吞噬他的人性，扭曲他的灵魂，直至他变成魔鬼和独狼的过程。

高承勇算不算是连环杀手？什么是连环杀手？多伦多大学犯罪学博士彼得·佛伦斯基在其著作《理智向左，疯狂向右——连环杀手的怪诞行为学》一书中，对连环杀手这个群体的共同特征做过一个描述：连环杀手与我们非常相似，又非常不同。在千百万人的日常生活中，极少有人发现他们与我们的不同，我们对他们的不同之处几乎一无所知。这才是最可怕的。

的确，对高承勇这样的人，我们的认知和经验非常有限，我们一直习惯于用自己本身的行为标准去考察连环杀手的行为方式，没有能够进行有效知识普及的深度研究，更没有对其进行细致科学研究，这是最具有危险的事实。

如朱爱军律师所说，高承勇是一个值得认真研究的对象，如果我们能够把他的这个案子研究透了，或许就能预防或者杜绝以后出现类似情况，少一些被害者。据悉，在美国、日本、韩国这些国家里，都有专门的犯罪心理侧写师，这些人能通过分析研究大致猜出嫌疑人的形象和习惯，对后期案件的侦破起到重要的推动作用，对杀手了解得越多，越有助于侦破和预防。这方面，我们国家应该与时俱进，跟世界同步。

尾声

经最高人民法院核准，2019年1月3日上午，罪犯高承勇被执行死刑。检察机关依法派员临场监督。

1988年5月至2002年2月间，被告人高承勇在甘肃省白银市、内蒙古自治区包头市连续实施抢劫、故意杀人、强奸、侮辱尸体犯罪，共致11名女性被害人死亡。该案案情疑难、复杂，社会影响重大，舆论关注度高。白银市中级人民法院依法组成合议庭，于2017年7月18日至19日对本案进行了不公开开庭审理，充分听取了控辩双方意见，并对全案事实证据和法律适用进行了认真审查、研究。2018年3月30日，白银市中级人民法院公开宣判，认定被告人高承勇犯抢劫罪，判处死刑，剥夺政治权利终身，并处没收个人全部财产；犯故意杀人罪，判处死刑，剥夺政治权利终身；犯强奸罪，判处有期徒刑十年，剥夺政治权利三年；犯侮辱尸体罪，判处有期徒刑三年，决定执行死刑，剥夺政治权利终身，并处没收个人全部财产。在法定期限内没有上诉、抗诉。甘肃省高级人民法院经复核，同意原判，并依法报请最高人民法院核准。最高人民法院依法组成合议庭，对本案进行了复核，讯问了被告人，并于近日裁定核准高承勇死刑。白银市中级人民法院向高承勇宣告并送达了最高人民法院的刑事裁定书，并于 2019 年 1 月 3 日上午根据最高人民法院院长签发的执行死刑命令，对高承勇执行了死刑。

后　记

“今天的新闻就是明天的历史。一本杂志可能无法改写一个时代，但能见证一个时代的变迁。一本有理想的杂志，在完成自身成长蜕变的同时，也能记录一个国家的法治截面史。好的报道不单是讲述案件，而是力透纸背，传递一种人心可以感受到的抓力。好的记者永远站在人性的角度上去观察这个世界，在报道的深度上下功夫，从静态的社会现象中去发现新闻，发掘社会热点背后的深层规律，坚守杂志的价值取向。”2018 年 5 月，方圆杂志社社长、主编孙丽在《民主与法制》周刊撰文，与同行们分享了《方圆》的办刊理念。

自 1993 年创刊至今，《方圆》一直坚守这个价值与理念，并且将此贯穿到每一期杂志、每一篇报道中。对于白银案的报道，《方圆》同样也坚守这个标准。

在我去白银之前，杂志社专门召开了白银案专题选题会，会上，社长孙丽、执行主编王鹏一再和我强调，白银案的报道亮点，在于不局限于案情，要展现刑侦技术发展的法治视角，挖掘政法机关侦破此案背后的故事。作为最高检旗下的杂志，我们不能像少数社会媒体那样，聚焦的都是11位被害者的人生故事以及被此案伤害的家庭。在诸多同行的报道中，28年来苦苦侦办这个案子的政法工作者好像凭空消失了一样。这些年来，为了破案，他们到底做了些什么，又经历了些什么？到底是怎样抓到高承勇的？高承勇为什么会成为杀人恶魔？被害者家属这些年是怎么走过来的，他们如何面对明天？了解这一切的人并不是很多，我们将以此作为报道的核心和主题。

为了深度挖掘侦破白银案的内幕，我先后两次前往上海采访参与侦破此案的公安部刑侦专家、警界“神笔马良”张欣；远赴河南周口、吉林长春、黑龙江哈尔滨采访参与侦破此案的“足迹专家”王清举、“指纹专家”徐利民、“痕迹专家”崔道植，行程数万公里。

从2016年8月高承勇落网，到2018年3月宣判，对本案长达近两年的跟踪采访，使得这个事件也成为我人生的一部分，这段时间里，我就活在其中。我先后5次赶赴白银深度采访，共在这座西部小城里停留走访了70余天。

在白银的那些日子，我每天都穿梭行走在这座城市里，多次徘徊在白银的10起命案现场，6次到达高承勇的老家，走访办案人员、知情群众、被害者家属及高承勇族人数十人……

我试图穷尽一切办法，挖掘报道这宗连环凶案背后众说纷纭的那一切，悲伤，或者希望。

经过各种努力，2018年4月2日下午，在白银市白银区看守所，我见到了高承勇本人，并采访了他。

回京之后，一些媒体朋友听说我独家采访了高承勇，两次见到他本人，便问我见到高承勇是什么感觉。我说，浑身冰冷。这是实话，是我结束采访走出看守所之后的真实感受。从白银回京的那些天，我时常会想起坐在我对面的高承勇看我的眼神，并且为这眼神所触动。那是一种凶恶、忤逆、冰冷、绝望而无畏的眼神，一种时不时会透出一丝邪恶和抵触、没有任何温度的眼神。

令我感动的是，从 1988 年的第一起到 2002 年的最后一起案件，公安机关始终没有放弃侦破此案，耗时 28 年，共有 250 多名警察、100 多位刑侦专家、8 任公安局局长参与其中。

采访中，白银市检察院的检察官贾桐跟我说，他看案卷的时候，发现有一些侦查员的名字画上了黑框，这些是已经去世的老前辈，他们为侦破此案穷尽所有。在等待真凶高承勇落网的日子里，该案的第一任经办负责人刘海平因心脏病突发去世，第二任负责人张国孝因患癌症去世，第三、四任负责人已经调离，他们带着刑警们奋战多年，只为抓住真凶的这一天。白银市公安局有好几个老领导都是一直在跟这个案件，但是直到他们去世都没能破案，这个案件也成了他们终生的遗憾。他们临终前都念念不忘，希望能够知道这个犯下大案的人到底长什么样子。

2016 年 8 月，白银警方抓获高承勇后，白银市公安局刑侦支队支队长刘同林和战友们第一时间选择了去给已故的老同事扫墓，把整个案情写成了祭文，在老同事墓前烧了。

勇于担当的媒体是有立场、有态度、有温度的。我在一篇报道中这样写道："无论是以什么名义，杀戮都是残忍的，生命是至高无上的，活着是每一个人的正当权利。2018 年 3 月 30 日，高承勇被白银市中级人民法院判处死刑，这是他为自己的罪恶行为付出的应有代价，判处被告人高承勇死刑的意义是让被告人高承勇诚实地面对自己的错误，只有如此，他才能感受到生命的珍贵，法律的威严。判处高承勇死刑的意义不在于复仇，而是唤醒他面对和承担自己所犯罪行的方式。这个判决可谓是人心所向。”

如孙丽社长所说，紧抓人心，文字才有力量。如何体现案件报道正能量的价值取向，直接关系到传播效果。在今后的报道中，明确并且坚守正能量价值取向，牢牢把握正确的舆论导向，坚持主流价值；坚持正确的舆论监督，关注民生，体现正能量的亲近性，这将是我作为一个记者的价值坚守。

尽管我们无法越过或者忘却白银案带给人们的那些恐惧和悲伤，但是却可以目睹并见证恶魔的末日，然后开始新生活。这是所有人的胜利和希望。

写完这本书，我觉得完成了一项艰巨而有价值的任务。死者不能复活，悲伤永难消解，愿这本书能够引导人们将关注的焦点，从关注这桩凶案本身，转移到对女性的生存处境、社会家庭、大众文化、暴力形势、治安状况、司法制度、城市发展、传媒导向等问题的思考和探索上。为了保护被害者及其家属的隐私，文中 11 起案件被害者均为化名。

在本书即将问世之际，突然获悉上海铁警发布的消息：全国公安系统一级英雄模范、公安部刑侦专家、上海铁路公安局刑事侦查处一级警长张欣同志，因连续加班工作劳累过度，突感身体不适，经抢救无效于 2018 年 10 月 20 日 19 时许不幸逝世，享年 58 岁。

张欣这位真正的警界英雄，用他的实际行动践行了他“与犯罪分子战斗到生命最后一刻”的铮铮誓言。

斯人已逝，音容宛在。在他去世前些天，我还邀请他到时来参加这本新书的发布会，还让他帮朋友研判了一个案子……

谨以此书向张欣，向 28 年来致力于侦破白银案的政法工作者，向所有支持帮助我的领导和朋友致敬！

感谢报社柏荣书记，社长孙丽，副主编郑键，执行主编王鹏，社长助理部筐，摄影记者张哲，新媒体编辑肖玲燕、刘岩，编辑靖力，美术设计崔捷、张维、赵立荣等领导同事好友，感谢你们高标准的指导编审与助力鼓励，感谢你们陪我熬过那段采访与写作最艰难的时刻，这本书是我们共同的心血结晶，和你们一起共事是我人生中最宝贵的财富。感谢啄木鸟杂志社杨桂峰主编，编辑季伟、李敏，感谢你们为本书出版所做出的创意与努力，振华铭记在心。

张振华

2019 年 1 月

扫码观看

“独家对话高承勇”视频

编后记

白银案的胜利告破，向世人证明了法网恢恢，疏而不漏。不论是谁，不管逃到哪里，潜藏多久，只要犯案，注定难逃法律严惩。同时，也彰显了各级公安机关全面贯彻党的十八大、十九大精神，深入贯彻习近平总书记系列重要讲话精神和治国理政新理念新思想新战略，牢固树立“四个意识”，始终坚定“四个自信”，践行“对党忠诚、服务人民、执法公正、纪律严明”16 字总要求，履使命、敢担当的新时代精神。

随着高承勇被判死刑，此案尘埃落定，但是对于这个案件本身，人们显然还想知道得更多。这起世纪悬案带给人们的诸多警示和启迪，令人深思。高承勇如何从一个有两个孩子的普通农民成为凶残杀戮女性的连环杀手？他的人生中有过怎样的经历和遭遇？警方执着追凶 28 年，最终是如何抓获真凶的？凶手最终得到的罪与罚给人们的警示是什么？28 年的风雨沧桑，攻坚克难，当年参与侦办此案的民警经历了什么？以后如何避免发生类似的血案？女性如何保护自己？人们如何辨认和提防连环杀手？走出恐怖阴霾的白银人民现在的生活状况怎么样……

本书作者、方圆杂志社记者张振华为还原报道这起社会影响巨大、足以写入共和国刑侦史和司法史的世纪悬案所作出的努力，所付出的心血令人感动。

凭着扎实的采访，张振华先后撰写了一系列引起重大反响的新闻报道。这一系列报道，对本案的立案、侦查、抓捕、公诉、审判、辩护，对高承勇作案之前的人生状况、作案经过、心理动因、人际关系，以及高承勇被捕后在看守所的羁押状况、认罪态度、心理状态等方面，做了专业而深度的再现。

难能可贵的是，除了还原 11 起案情的作案细节之外，张振华还以高度冷静与客观的笔法，深入、细致地把这个案子放到整个社会与时代大背景中，放到整个中国司法进程与刑侦技术改革进程中来梳理和报道。他的这些报道，进一步引导公众对警方、对社会治安和公共安全、对公平和法治多了一份理解和信心。

由于这个案子的特殊性，采访的艰难可想而知。为打开采访之路，张振华穷尽了一切办法来公关、协调，求遍了他所能找到的每一个人，从部里到厅里到市局到看守所……只有他自己清楚这个过程中的曲折和艰难。

作为奋战在政法一线的记者，张振华一年有近半时间在外地出差，难以顾及家人。他在女儿出生前一天才匆匆赶回家中，在女儿出生第二天就出发奔赴白银采访，等他回来，女儿已经过满月了。女儿满月那天，张振华在高承勇老家后面的黄河滩上捡了一块石头。他说，等女儿长大了，就把这块石头送给她，给她讲讲白银案水落石出的经过，告诉她，那些年爸爸去了哪儿，干了什么。

张振华说，对他而言，写这个案子是一项艰巨而有价值的任务，愿以后这样的案子不会再发生，愿这本书，能够引导人们将关注的焦点从这桩凶案本身，转移到对女性的生存处境、安全防卫意识的关注上；转移到对大众文化与乡村建设的关注上；转移到对刑侦技术和法治进程的关注上；转移到对警民关系和媒体舆论导向等问题的思考和探索上。倘若如此，那么本书的出版就有了不一样的价值与意义。对于他的这些观点，我们是深表认同的，这也是《啄木鸟》作为全国唯一大型公安法治文学期刊应当承担的责任。

谨以此书向28年以来，所有为侦破此案而付出心血的公检法工作者致敬，愿中国的法治建设取得更长足的进步，愿法治文化深入人心，愿人民生活更加美好！逝者安息，英雄长存！

编者

2019年1月

附录：白银案 11 起凶案

1. 1988 年 5 月 26 日下午 4 时许，白银公司 23 岁女职工白某在白银区永丰街 177 －1 号的家中被害。

2. 1994 年 7 月 27 日下午 2 时许，白银供电局 18 岁女临时工石某在职工宿舍被害。

3. 1997 年 3 月 28 日早上 8 时许，包头市昆都仑区 54 －2 －3 号的 22 岁女青年李某在家中被害。

4. 1998 年 1 月 13 日上午 11 时许，29 岁女青年杨某被害于白银区胜利街 88 －6 号的家中。

5. 1998 年 1 月 19 日下午 5 时许，白银区水川路 6 号的 27 岁女青年邓某被害于家中。

6. 1998 年 7 月 30 日下午 2 时许，白银供电局职工曾某年仅 8 岁的女儿姚某被害于该局计量所 4 楼 414 号房中。

7. 1998 年 11 月 30 日上午 11 时许，白银区东山路 59 －6 －4 号的白银公司 23 岁女青年崔某在家中被害。

8. 2000 年 11 月 20 日上午 10 时许，白银区永丰街白银棉纺厂 28 岁女工罗某在平房家属区被害。

9. 2001 年 5 月 22 日上午 11 时许，白银区水川路 28 －1 －12 号的 28 岁女护士张某在家中被害。

10. 2001 年 5 月 23 日上午 11 时 30 分，21 岁女青年常某在白银区凯宏楼宾馆 3 楼被害。

11. 2002 年 2 月 5 日上午 10 时许，25 岁女青年朱某在白银区陶乐春宾馆 3 楼被害。

图书在版编目（CIP）数据

白银案实录 / 张振华著．—北京：群众出版社，2019．1

ISBN 978－7－5014－5849－3

Ⅰ．①白…　Ⅱ．①张…　Ⅲ．①政法工作—研究—中国

Ⅳ．①D926．134

中国版本图书馆 CIP 数据核字（2018）第 287874 号

白银案实录

张振华　著

出版发行：群众出版社

地　　址：北京市丰台区方庄芳星园三区 15 号楼

邮政编码：100078

经　　销：新华书店

印　　刷：天津盛辉印刷有限公司

版　　次：2019 年 1 月第 1 版

印　　次：2024 年 12 月第 3 次

印　　张：7

开　　本：880 毫米×1230 毫米　1/32

字　　数：136 千字

书　　号：ISBN 978－7－5014－5849－3

定　　价：32．00 元

网　　址：www. qzcbs. com

电子邮箱：qzcbs@ sohu. com

营销中心电话：010－83903254

读者服务部电话（门市）：010－83903257

警官读者俱乐部电话（网购、邮购）：010－83903253

啄木鸟杂志社电话：010－83903494

本社图书出现印装质量问题，由本社负责退换